Fettfalle
FASTFOOD

Dr. med. Thomas Ellrott
& Birgit Ellrott

Fettfalle *FASTFOOD*

Finden Sie die fettarmen Alternativen

Vorwort von
Prof. Dr. Volker Pudel

UMSCHAU : BRAUS

Impressum

CIP-Einheitsaufnahme
Ellrott, Thomas:
Fettfalle Fastfood : Finden Sie die fettarmen Alternativen / Thomas Ellrott ; Birgit Ellrott.
Frankfurt/Main : Umschau/Braus, 2001
ISBN: 3-8295-7121-6

Umschlaggestaltung:	Peter Krafft Designagentur, Bad Krozingen
Titelfoto:	Birgit und Thomas Ellrott
Gestaltung, Satz, Umbruch:	INFOLIO Digital, Badenweiler
Druck und Verarbeitung:	Eurolitho, Milano

Printed in Italy, 2001

ISBN: 3-8295-7121-6

Bitte besuchen Sie uns im Internet unter: www.umschau-braus.de

Inhalt

Vorwort

Liebe Leserin,
lieber Leser,

1971 eröffnete das erste Fastfood-Restaurant in Deutschland. Zur Jahrtausendwende machte McDonald`s seine 1000. Filiale in Berlin auf. Die Fastfood-Systemgastronomie hat sich weltweit etabliert und – so auch in Deutschland – die Außer-Haus-Verpflegung verändert. Vom „Verfall der Esskultur“ reden die einen, vom „modern Lifestyle“ die anderen. Trotz der so unterschiedlichen Einstellungen zum Fastfood herrschte jedoch viele Jahre in einer Hinsicht große Einigkeit: „Gesund ist das alles nicht“. Wirklich?

Fastfood, das ist das „schnelle Essen“ gerade da, wo man sich befindet. Fastfood, das ist die Bratwurst vom Imbiss-Stand mit Pommes und Majo. Fastfood, das ist (natürlich) der klassische Hamburger oder die Pizza aus der Hand. Fastfood, das ist aber auch der Apfel, den wir unterwegs aus der Tasche ziehen und verspeisen.

In Deutschland wird Fastfood aber immer noch mit der amerikanische Systemgastronomie gleichgesetzt. Die Curry-Wurst bleibt ausgenommen. Ebenso das halbe Hähnchen, wie auch das belegte Wurstbrötchen vom Marktstand. Fastfood sind für viele nur die Burger-Varianten, egal, ob von McDonald`s, Burger King oder all den anderen Kettenrestaurants.

Birgit und Thomas Ellrott, die mit ihrem Nachschlagewerk *Fettfalle Supermarkt* bereits den klassischen Einkaufsführer für figurbewusste Mitmenschen geschrieben haben, gehen jetzt das heiße Thema „Fettfalle Fastfood“ an. Sie stellen klar: Wie viel Fett schlummert in Fastfood.

Fett ist ein toller Stoff, denn Fett ist ein Geschmacksverstärker. Fettlösliche Vitamine sind aufs Fett angewiesen. Und ein paar lebenswichtige Fettsäuren braucht der Organismus auch. Was jedoch weder Geschmack noch Organismus benötigen, das sind 120 Gramm, die in Deutschland pro Tag und Mensch durchschnittlich konsumiert werden. Rund 70 Gramm am Tag würden reichen. Bei 120 Gramm und mehr gerät die „Figur“ aus dem Rahmen und mindestens jede/r Zweite möchte inzwischen eine bessere Figur machen.

Fett macht fett, das ist inzwischen wissenschaftlicher Konsens. Die früher oft geschmähten Kohlenhydrate („Kartoffeln und Zucker machen dick“) sind rehabilitiert und haben sich als „figurunschädlich“ erwiesen. Bleiben Fett und Alkohol als die Risikofaktoren für das Gewicht. Fett ist mit 9 Kalorien pro Gramm der Kalorienkönig, gefolgt vom Alkohol mit 7 Kalorien pro Gramm.

Fettfalle Supermarkt gibt deutliche Entscheidungshilfe bei der Auswahl im Supermarkt, um weniger Fett einzukaufen, aber dennoch genussvoll zu speisen. Jetzt können Sie sich auch getrost in die Systemgastronomie trauen und nach einem kurzen Blick in *Fettfalle Fastfood* die richtige Wahl treffen. Es sind nicht die Lebensmittel oder Speisen, die „ungesund" sind, sondern allein die Zusammenstellung, die wir als Gäste vornehmen. Selbst eine fette Mahlzeit schlägt nicht zu Bauche, wenn sie durch fettbewusste Mahlzeiten eingerahmt wird. Wichtig jedoch ist, dass Sie wissen, wie viel Fett in den Speisen ist, die Ihnen angeboten werden. Nur dann können Sie die richtige Wahl treffen.

Damit Sie auch mit Genuss und Verstand bei Fastfood richtig zugreifen können, haben Birgit und Thomas Ellrott das Angebot für Sie gesichtet und bewertet. Fastfood ist weder der Verfall der Esskultur, noch ist Fastfood per se „ungesund". Allein Ihre Auswahl entscheidet, wie Sie mit der neuen Kultur umgehen, genussvoll essen und gesund bleiben.

Ganz schnell wünsche ich Ihnen „guten Appetit" mit Fastfood – aber nur, wenn Sie zuvor die *Fettfalle* gelesen haben, um nicht in die Falle hinein zu tappen.

Prof. Dr. Volker Pudel
Leiter der Ernährungspsychologischen Forschungsstelle
Zentrum Psychologische Medizin
Universität Göttingen

Einleitung

Im Jahr 2000 verspeisten die Menschen in Deutschland bereits jede dritte Mahlzeit außer Haus. Im Jahr 2002 werden es 40% aller Mahlzeiten sein, im Jahr 2005 schon knapp die Hälfte. Fastfood liegt dabei voll im Trend der Zeit.

Ausgiebige Mahlzeiten zu festen Zeiten, vor Jahrzehnten noch der Mittelpunkt des familiären Lebens, finden meist nur noch am Wochenende statt. Die Struktur der Haushalte ändert sich, immer mehr Single- und Zwei-Personen-Haushalte entstehen. Durch immer höhere Mobilität wandelt sich die Art, wie wir essen. Immer weniger ist Essen an bestimmte Zeiten und Orte gebunden. Heute wird gegessen, wenn Arbeit, Hobby und Lust Zeit dafür lassen. Früher aß man bei Tisch mit Messer und Gabel. Der moderne Mensch heute bevorzugt bequemes Fingerfood statt Messer und Gabel und isst immer öfter im Stehen, im Vorübergehen oder gar im Auto. Fastfood kommt all diesen Bedürfnissen entgegen.

So vielfältig das Angebot der verschiedenen Fastfood-Restaurants ist, so stark variiert auch der Fettgehalt der Gerichte. Je nach Restaurant und gewähltem Menü kann dieser bei unter 10 bis über 100 Gramm Fett liegen. Damit das schnelle Essen nicht zur Fettfalle wird, tut eine kluge Auswahl not. Das schreibt auch die Stiftung Warentest in ihrem Beitrag *Nicht nur fix und fettig*, der im Test-Spezialheft Ernährung erschienen ist (siehe *Lesetipps*). Dies ist aber kein leichtes Unterfangen, denn nur in den seltensten Fällen kann man vor Ort in Fastfood-Restaurant, Pizzeria oder Imbissbude erfahren, welche Menge Fett in den Gerichten steckt.

„Nicht nur fix und fettig“ meint auch Stiftung Warentest

Die Autoren von *Fettfalle Fastfood* haben für Sie die Restaurants angeschrieben, Nährwerttabellen, Fachzeitschriften und Datenbanken durchsucht, im Internet recherchiert und natürlich die Restaurants allesamt besucht, um nach der besten Wahl Ausschau zu halten. Dabei haben wir auch Restaurants berücksichtigt, die nicht in erster Linie mit Fastfood in Verbindung gebracht werden, die aber eine sehr wichtige Rolle in der Außer-Haus-Verpflegung spielen (z.B. Mitropa Service im Zug).

Gehen Sie mit uns Kapitel für Kapitel in den einzelnen Restaurants essen und erfahren Sie, welche figurfreundlichen Menüs Sie dort wählen können – aber auch, welche Fettfallen Sie besser meiden sollten.

Viel Spaß und guten Appetit wünschen
Ihre

Dr. med. Thomas Ellrott und Birgit Ellrott

10 gute Gründe für fettarme Lebensmittel

1. Übergewicht

Zuviel Fett macht fett! Menschen werden übergewichtig, weil sie mehr Fett verspeisen, als der Körper verbrennen kann. Überschüssiges Fett wird am Bauch und auf den Hüften für Notzeiten eingelagert, die nicht kommen werden. Je mehr Fett Menschen essen, um so übergewichtiger, je weniger, um so schlanker sind sie im Durchschnitt. Leider gehören viele beliebte Fastfood Gerichte zu den fettreichen Lebensmitteln: Pizza, Pommes mit Majo, Döner, Gyros, Burger u.a. Auch in Streichfetten, Ölen, fetten Fleisch- und Wurstsorten, fetten Käsesorten, fettreichen Milchprodukten, Kuchen und manchen Süßwaren steckt oft viel Fett. Übergewichtige, die Fett sparen, weil sie statt fettreicher Lebensmittel fettarme Alternativen auswählen, nehmen langsam aber langfristig ab. Normalgewichtige verhindern durch eine fettarme Wahl im Fastfood-Restaurant und beim Einkauf eine Gewichtszunahme.

2. Geschmack

Ganz ohne Fett schmeckt es nicht! Richtig, denn Fett ist ein wichtiger Geschmacksträger. „Ganz ohne Fett“ ist auch die völlig falsche Botschaft. Es geht allein um etwa 1/3 weniger Fett: 60-70 Gramm Fett für Frauen, 80-90 Gramm für Männer. Das ist immer noch soviel Fett, dass Geschmack und Genuss nicht leiden müssen. Bei manchen Lebensmitteln schmeckt es sogar besser, wenn weniger Fett enthalten ist: Eine fettreduzierte Bratwurst enthält mehr qualitativ hochwertiges mageres Fleisch und schmeckt sogar besser als eine einfache Bratwurst mit hohem Schwarten- und Speckanteil.

3. Fitness

Sportler die gewinnen wollen, essen … viel Kohlenhydrate und wenig Fett! Für Leistungsfähigkeit und Ausdauer sind Nudeln, Reis, Brot, Getreideflocken und Müsli, Obst, Obstsäfte, Gemüse sowie Kartoffeln die besten Energiequellen. Diese Lebensmittel sind kohlenhydratreich und enthalten kein oder kaum Fett. Ein Jan Ullrich oder Erik Zabel würde bei der Tour de France nicht so gut abschneiden, wenn er als Rennnahrung hauptsächlich Doppel-Burger, fette Döner, Bratwürste, triefende Pizzen, Frittiertes oder fett Gebratenes verspeisen würde.

4. Das Rezept der Erfolgreichen

Abnehmen ist keine Kunst, das wissen Übergewichtige aus eigener Erfahrung. Das Problem ist der unweigerliche Jojo-Effekt, der sich nach jeder Diät fast gesetzmäßig einstellt. Dennoch schaffen es einige wenige Menschen, erfolgreich abzunehmen und das Gewicht ohne Jojo-Effekt zu halten. Eine große amerikanische Studie wollte herausfinden, was diese Erfolgreichen von den vielen Menschen unterscheidet, die nach Diäten wieder zunehmen. Zwei wesentliche Erfolgsrezepte zeichnen Menschen aus, die ihr Gewicht nach hoher Gewichtsabnahme lange Zeit halten können: 1. Sie essen deutlich weniger Fett und 2. Sie sind körperlich viel aktiver. Übergewichtige essen 40 und mehr Prozent der täglichen Kalorien (Kalorien = die Energie, die in Lebensmitteln enthalten ist) in Form von Fett. Das entspricht 100 bis 140 Gramm Fett am Tag. Die langfristig Erfolgreichen dagegen essen weniger als 25% ihrer Kalorien als Fett. Das sind knapp 60 Gramm Fett am Tag.

5. Kalorienzählen funktioniert nicht

Kalorienzählen überfordert die Menschen schlichtweg. Alles Verspeiste und Getrunkene muss gezählt werden: Vom Radieschen bis zur Schweinshaxe, von der Light-Limonade bis zum Schnaps. Menschen, die Kalorien zählen, essen immer mit einem schlechten Gewissen, da jeder Bissen das Kalorienkonto füllt. So verwundert es wenig, dass die meisten Kalorienzähler nicht lange durchhalten. Eine dänische Studie hat gezeigt, dass Kalorienzählen eine schlechte Langzeitstrategie zum Halten des Gewichts ist, nachdem Menschen abgenommen haben. Die dänischen Versuchsteilnehmer haben mit Kalorienzählen 87% des Gewichts wieder zugenommen, das sie 2 Jahre zuvor abgenommen hatten. Weitaus besser hingegen konnten jene Versuchteilnehmer ihr Gewicht halten, die lediglich das Fett im Essen reduziert haben. Sie hatten nach 2 Jahren gerade 42% der abgenommenen Kilos wieder zugelegt. Wäre noch eine Portion Bewegung hinzugekommen, hätten die fettarmen Esser wahrscheinlich nicht oder kaum zugenommen.

6. Satt werden

Fett macht satt. Aber Kohlenhydrate und Eiweiß machen noch satter! Fairerweise muss man die sättigende Wirkung eines

Nährstoffs ins Verhältnis zu seinem Energiegehalt setzen. Was nützt es, wenn ein Nährstoff zwar schön satt macht, auf der anderen Seite aber extrem viel Energie (= Kalorien) enthält? Und genau so sieht die Sache beim Fett aus. 100 Gramm reines Fett (z.B. aus 250 g einfacher Bratwurst) macht zwar ganz schön satt, liefert dafür aber geschlagene 900 Kalorien. 100 Gramm Kohlenhydrate (z.B. in 400 g gekochten Nudeln) machen auch gut satt, dieses Sattheitsgefühl gibt es aber schon für 400 Kalorien. Schließlich sättigen 100 Gramm Eiweiß (z.B. aus 1 Pfund Putenfilets) hervorragend und schlagen wie die Kohlenhydrate nur mit 400 Kalorien zu Buche. Vergleicht man die Sättigungswirkung pro Kalorie, dann machen Eiweiß und Kohlenhydrate deutlich besser satt als Fett.

7. Lebensqualität

Diäten führen zu einem deutlichen Verlust von Lebensqualität. Fettarm essen hat hingegen nichts mit einer Diät gemein. Im Gegenteil: es ist eine erfolgreiche Langzeitstrategie für mehr Fitness und weniger Gewicht. Eine Einschränkung für Genuss und Geschmack gibt es nicht. Die vielen fettarmen Alternativen sind in Punkto Geschmack allemal genau so attraktiv. Das Schöne: Nichts ist verboten und alles darf gegessen werden – natürlich auch mal das eine oder andere Fettnäpfchen. Wer im Alltag fettarm isst, für den sind fettreiche Feste und Feiern genauso wenig ein Problem, wie ein Besuch im Fastfood-Restaurant. Wenn trotzdem noch langsam aber langfristig die Pfunde verschwinden, was will man mehr! Weiterhin genießen können und trotzdem abnehmen, kein Wunder dass sich die Lebensqualität sogar verbessert. Eine neue Studie des amerikanischen Krebsforschungsinstituts zeigt eindeutig, dass eine fettarme Ernährung mit hohem Anteil an Gemüse, Obst und Ballaststoffen das persönliche Wohlbefinden erhöht.

8. Zucker ist nicht das Problem

Das Vorurteil, Zucker macht dick, ist zwar populär, aber falsch! Im Gegenteil, ein verstärkter Verzehr von Kohlenhydraten in Form von Stärke und Zucker ist eher mit einem niedrigeren Gewicht verbunden. Die Menschen, die jedes Gramm Zucker sparen, langen meist beim Fett besonders zu. Und das ist für das Gewicht viel ungünstiger. Kohlenhydrate und Fette haben eine unterschiedliche Funktion im Körper: Kohlenhydrate, und Zucker gehört zu den Kohlenhydraten, werden bevorzugt verbrannt, Fette bevorzugt gespeichert.

9. Veranlagung

Am Kriegsende gab es in Deutschland praktisch keine übergewichtigen Menschen. Die Gene und damit die Veranlagung zu Übergewicht haben sich in den letzten 55 Jahren nicht geändert. Dennoch sind die Menschen heute dicker denn je! Das Problem Übergewicht muss also etwas mit unseren heutigen Lebensbedingungen zu tun haben. Ganz klar: Fettreiches Essen im Überfluss und viel weniger körperliche Aktivität sind die Ursachen. Wer etwas ändern will, packt das Problem am besten von beiden Seiten gleichzeitig an. Eines aber geben die Gene doch mit auf den Weg, den Spielraum jedes Menschen, sein Gewicht zu beeinflussen. Stark Übergewichtige („Adipöse“) haben weniger Spielraum, als manch Normalgewichtiger. Für sie kann es ein großer Erfolg sein, 10 oder

20 kg abzunehmen, selbst wenn sie dann noch um einiges von ihrem Normalgewicht entfernt sind.

10. Empfehlung der Deutschen Gesellschaft für Ernährung

Die Deutsche Gesellschaft für Ernährung in Bonn (www.dge.de) ist der oberste Ernährungshüter der Republik. Die Experten in Bonn haben 10 Regeln formuliert, die Ihnen helfen sollen, genussvoll und gesund erhaltend zu essen.
Die 5. Regel lautet:

Wenig Fett und fettreiche Lebensmittel

Fettreiche Speisen schmecken zumeist besonders gut. Zuviel Nahrungsfett macht allerdings fett und fördert langfristig die Entstehung von Herz-Kreislauf-Krankheiten und Krebs. Halten Sie darum das Nahrungsfett in Grenzen. 70-90 Gramm Fett, möglichst pflanzlicher Herkunft, am Tag, d.h. ein gutes Drittel weniger als bisher, liefern ausreichend lebensnotwendige (essentielle) Fettsäuren und fettlösliche Vitamine und runden den Geschmack der Speisen ab. Achten Sie auf das unsichtbare Fett in manchen Fleischerzeugnissen und Süßwaren, in Milchprodukten und Gebäck.

Wie das auch beim schnellen Essen geht, zeigt Ihnen jetzt *Fettfalle Fastfood*!

McDonald's

40 Millionen Kunden am Tag! 28.000 Restaurants in 120 Ländern! McDonald's ist die größte und bekannteste Schnellrestaurant-Kette auf dem Globus. Der Name McDonald's ist Inbegriff für Fastfood und den American Way of Life. Die Erfolgsgeschichte begann Anfang der Fünfziger Jahre in San Bernadino, Kalifornien. Dick und Mac McDonald's betrieben hier sehr erfolgreich den schnellsten Hamburger-Stand. Der Geschäftsmann Ray Croc hörte davon, besuchte die Brüder und kam auf die Idee, weitere Schnellrestaurants zu eröffnen. Er einigte sich mit den McDonald's-Brüdern und eröffnete 1955 in Des Plaines, unweit von Chicago, das erste offizielle McDonald's-Restaurant. 1963 erschien der Clown

Ronald McDonald – ein Markenzeichen des Unternehmens – erstmals im US-Fernsehen, 1965 ging das Unternehmen an die Börse, 1968 wurde der Big Mac eingeführt und 1979 das Happy Meal (enspricht der deutschen Junior-Tüte).

McDonald's gehört zum American Way of Life

In Deutschland gibt es etwa 1.100 McDonald's Outlets, die täglich fast 2 Millionen Gäste bedienen. Jeder Bundesbürger geht statistisch gesehen 8 mal im Jahr zum goldenen „M“ essen. Zu den Lieblingsgerichten der Gäste zählen Big Mac, Pommes frites, Coca-Cola und seit 1999 auch McFlurry. Von Kritikern werden gerade diese Speisen oft als Paradebeispiele ungesunder Ernährung zitiert. Das Unternehmen hat bereits frühzeitig reagiert und offensiv die Nährwerte seiner Gerichte in Broschüren und im Internet veröffentlicht. Auf den FAQ-Listen der Internetseite findet man Fragen zur Ernährung und Qualität beantwortet:

Kann ich den Big Mäc in einen sinnvollen Ernährungsplan integrieren?
(von der Internetseite)
Der Mix macht's! Wie leicht sich Big Mäc und Co. in einen ausgewogenen Speiseplan einbauen lassen, zeigen drei exemplarische Muster-Speisepläne auf Basis von Empfehlungen der Deutschen Gesellschaft für Ernährung (DGE). McDonald's veröffentlicht diese Pläne zusammen mit den Nährwertangaben aller Produkte in der Broschüre „McDonald's & Nährwert", die in allen Restaurants erhältlich ist, sowie im Internet unter: www.mcdonalds.de.

Der interessierte Verbraucher bekommt überall Nährwertinfos der Gerichte

Fast alle Speisen bekommt man während der gesamten Öffnungszeit des Restaurants. Eine Ausnahme sind die Frühstücke. Diese sind nur vormittags im Programm.

Deutsche Nährwertinfos findet man auch unter www.mcdonalds.de im Internet

Wer den Tag bei McDonald's startet, hat die Auswahl zwischen McCroissant, Egg McMuffin, Sweet Breakfast, Big Breakfast und Ham & Eggs. Allesamt nicht gerade fettarme Frühstücke mit einem Fettgehalt von 18 bis 30 Gramm. Und dabei ist bei einigen Frühstücken nicht einmal der Aufstrich mitgerechnet (Butter, Marmelade, Honig). Der wichtigste Fettspartipp bei diesen Frühstücken ist daher der Verzicht auf zusätzliche Butter. 20 Gramm Butter würden noch einmal 16 Gramm Fett zusätzlich liefern. Das McCroissant ist mit 18 Gramm Fett die fettärmste Wahl, aber auch die kleinste Portion.

Die klassischen Frühstücke enthalten ohne Aufstriche 18 – 30 Gramm Fett

Pommes frites, amerikanisch French Fries genannt, sind die universelle Beilage für alle warmen Gerichte. Wie im Kapitel *Pommesbude* beschrieben, ist der Fettgehalt der frittierten Kartoffelstäbchen je nach Portionsgröße im Rahmen. Da Pommes frites oft jedoch nur als Beilage zusätzlich verzehrt werden, darf der Fettgehalt des Hauptgerichts nicht außer acht gelassen werden. Wer Pommes als Beilage verspeist, sollte am besten „eine kleine Pommes" wählen oder von einer mittlere Portion nur gut die Hälfte essen. Zweiter Knackpunkt ist fettreiche Majo zusätzlich. Hier ist Ketchup oder eine andere rote/gelbe Sauce die bessere Wahl.

Die Größe zählt: Wählen Sie als Beilage eine kleine Portion

Klassische Hauptmahlzeit sind Burger – weiche Brötchen mit einem Fleischpatty (so nennt man die Fleischfrikadelle) und allerlei Saucen, Gemüse, Salat und Käse. McDonald's selbst nennt die Burger Sandwiches. Dazu zählen die Klassiker Hamburger, Cheeseburger, Big Mäc, Hamburger Royal, Hamburger Royal TS, McRib und mit Fischeinlage der Fischmäc. Neben den Klassikern gibt es zeitweise Aktionsburger, die nur für eine gewisse Zeit im Programm sind.

Hamburger: 9 Gramm Fett, Hamburger Royal TS: 34 Gramm Fett

Der Fettgehalt der Burger unterscheidet sich erheblich. Die Klassiker liegen zwischen 9 und 34 Gramm Fett pro Burger. Um die Unterschiede im Fettgehalt zu verstehen, zerlegen wir einen Burger einmal in seine Einzelteile: Brötchen, Fleischpatty (oder Fisch), Gemüse (Zwiebel, Gurke), Salatblatt, Käse (manche Sorten), Speck/Bacon (manche Sorten) u.a. Das Brötchen liefert keine nennenswerte Menge Fett. Anders die Fleisch- oder Fischeinlage, hier gilt die Faustformel je üppiger, desto mehr Fett. Gemüse und Salat sind fettfreie Burgerkomponenten. Eine Scheibe Käse liefert zusätzliches Fett, wie auch eine Scheibe Speck/Bacon. Die Sauce kann neben der

Fleischeinlage eine ganz wesentliche Fettquelle sein, wenn diese aus Majo gemacht ist. So lassen sich die Unterschiede im Fettgehalt besser verstehen. Kleine Fleischeinlage, Gemüse, Ketchupsauce, kein Käse und kein Speck, das summiert sich zur fettärmsten Wahl – dem Hamburger mit 9 Gramm Fett. Große Fleischeinlage, viel Käse und viel Majosauce, das addiert sich zum fettreichsten Sandwich – dem Hamburger Royal TS mit 34 Gramm Fett.

Aktionsburger sind nur vorübergehend im Angebot (Beispiel von der Internetseite)

Für die Aktionsburger finden sich noch keine Nährwertangaben im Internet oder der Broschüre *McDonald's & Nährwert*. Die gerade beschriebene Analyse der einzelnen Komponenten eines Aktionsburgers erlaubt aber zumindest eine grobe Einschätzung des Fettgehalts. Gleiches gilt für spezielle Gerichte in den McDonald's-Restaurants anderer Länder.

Einige Klassiker sind weltweit verfügbar, in einzelnen Ländern gibt es aber zusätzliche Spezialitäten (z.B. den Chicken McGrill in den USA). Wer auch im Ausland über die Fettgehalte genau im Bilde sein möchte, besucht am besten vor Reiseantritt die

Die *Golden Arches* weisen den Weg zum globalen Menü – auch in Chinatown

lokale McDonald's-Homepage im Internet (am einfachsten über das Portal www.mcdonalds.com) und druckt sich die Nährwertangaben des Landessortiments aus. Manche Filiale hat auch gedruckte Nährwertinfos ausliegen. In den USA heißt die Broschüre *McDonald's Nutrition Facts*.

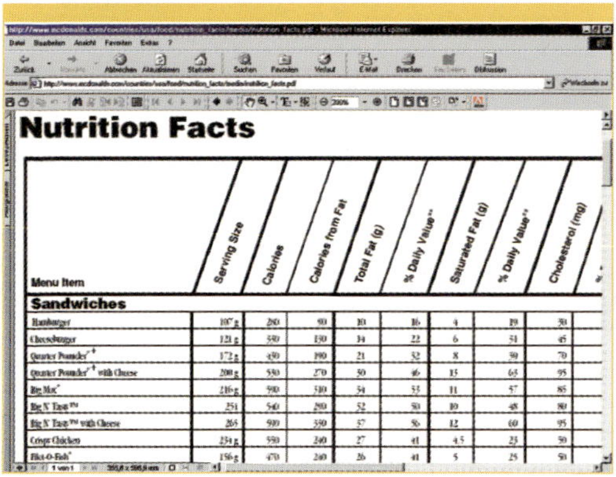

Nutrition Facts

Menu Item	Serving Size	Calories	Calories from Fat	Total Fat (g)	% Daily Value**	Saturated Fat (g)	% Daily Value**	Cholesterol (mg)
Sandwiches								
Hamburger	107 g	280	90	10	16	4	19	30
Cheeseburger	121 g	330	130	14	22	6	31	45
Quarter Pounder®+	172 g	430	190	21	32	8	39	70
Quarter Pounder®+ with Cheese	200 g	530	270	30	46	13	63	95
Big Mac®	216 g	590	310	34	53	11	57	85
Big N' Tasty™	251	540	290	32	50	10	48	80
Big N' Tasty™ with Cheese	265	590	330	37	56	12	60	95
Crispy Chicken	234 g	550	240	27	41	4.5	23	50
Filet-O-Fish®	156 g	470	240	26	41	5	25	50

Amerikanische Nährwertinfos zum Download

In Deutschland gibt es zwei weitere Sandwiches, die in die Gruppe Chicken-/ Gemüseprodukte gehören: Der McChicken und der vegetarische Gemüse Mäc. Mit 23 bzw. 25 Gramm Fettgehalt enthalten diese Sandwiches mehr Fett, als mancher dem Namen nach vermuten würde. Das fettarme Hähnchenfleisch steckt beim McChicken in einer Panade, die beim Braten Fett aufnimmt. Zusätzlich kommt Majonäsesauce auf den Burger. Das erklärt den Fettgehalt. Auch der Gemüseburger wird mit einer fettreichen Majosauce verfeinert und die Gemüseeinlage nimmt beim Erhitzen gleichermaßen Fett auf.

Für USA-Reisende eine gute Wahl: Chicken McGrill (li.) ohne Majo mit einer roten Sauce

Gerade die Majosauce macht viele Burger zu einer fettreichen Angelegenheit. Es gibt hier jedoch einen hervorragenden Fettspartipp: Bestellen Sie Ihren McChicken, Gemüse Mäc, Fischmäc, Royal TS einfach ohne Sauce! McDonald's bietet seinen Kunden den besonderen Service, die Burger auf Wunsch auch ohne Sauce zuzubereiten. Sie bekommen Ihren individuellen Burger dann stets ganz frisch ohne schwergewichtige Majosauce. Vergessen Sie nicht, stattdessen eine Extraportion Ketchup,

Currysauce, scharfe Sauce, süßsaure Sauce, Senfsauce oder Barbecuesauce mit zu bestellen. Da ein Burger ganz ohne Sauce doch etwas trocken ist, nehmen Sie diese zusätzlich bestellte Sauce, um Ihren Burger geschmacklich abzurunden.

McChicken ohne Majo mit extra Ketchup: Viel Fett gespart

Fischburger mit Currysauce statt Majo: Auch hier viel Fett gespart

Zur Gruppe der Chicken-/Gemüseprodukte zählen auch die bei Kindern besonders beliebten Chicken McNuggets. Es gibt sie in unterschiedlich großen Portionen. 6 Nuggets enthalten etwa 12 Gramm Fett (2 Gramm pro Nugget) – verglichen mit vielen Burgern die bessere Wahl. Die Saucen sind praktisch fettfrei, wie die Tabelle am Ende des Kapitels zeigt.

Eine 6er Packung Chicken McNuggets liegt mit 12 Gramm Fett recht niedrig

Seit es bei McDonald's Salate gibt, lassen sich auch hier Punkte für *5 am Tag* (www.5amtag.de) sammeln. Die Salate selbst sind fettarm, der Chefsalat mit knapp 9, der Mexicana Salat mit gerade 2 Gramm Fett. Aber Achtung: Das Salatdressing steht hier noch nicht mit auf der Rechnung. Neben 3 normalen Varianten können Sie auch ein Light-Dressing wählen. Das Hausdressing Light mit Joghurt enthält 11,1% Fett. Eine Packung à 75 ml liefert demnach 8 Gramm Fett zusätzlich. Die normalen Varianten liegen mit etwa 15 Gramm pro Salat darüber und lassen aus einem Salat schnell eine fettreiche Angelegenheit werden. Es sei denn, sie kommen mit der Hälfte der Packung aus und sparen so Fett ein.

Das Light-Dressing spart etwa 40% Fett

Manche „trinken“ sie als Dessert, andere als Zwischenmahlzeit. Die Rede ist von den Milchshakes, die es in 3 Sorten gibt. Durch ihre halbgefrorene Konsistenz lassen sie Fettgehalte in Eiscreme-Regionen befürchten. Aber weit gefehlt, denn die Shakes liegen vom Fettgehalt gerade mal gleichauf mit Vollmilch (3,5% Fett). So hat einer kleiner Shake knapp 8 Gramm Fettgehalt und eignet sich als Zwischenmahlzeit wie auch als Dessert.

Ein kleiner Milchshake hat etwa 8 Gramm Fett

Zum Dessert bieten sich aber auch an: Sundae Eis, McFlurry Eis, Donuts, eine Apfel- oder Kirschtasche. Wie die Fett-Tabelle verrät, sind Donuts die fettreichste Wahl, gefolgt Apfel- und Kirschtasche und McFlurry. Sundae Eis liegt vom Fettgehalt am niedrigsten: Von 3 Gramm für das Eis in der Tüte bis zu 8 Gramm für einen Becher mit Schokosauce.

Sundae Eis mit Erdbeersauce enthält 4 Gramm, Eis mit Karamelsauce 6 Gramm Fett

Das Eis McFlurry: Fettgehalt von 10 – 14 Gramm

Kirschtasche: Fettgehalt 13 Gramm

Letztlich hat der Gast bei McDonald's – Dank exzellenter Nährwertinformationen – die Möglichkeit, sein Menü so auszuwählen, dass Fett- und Energiegehalt im Rahmen bleiben. Ein komplettes Menü aus einem Hamburger, einer kleinen Portion Pommes, einem Mexicana Salat mit Light-Dressing und einer Coke enthält etwa 26 Gramm Fett, soviel wie ein Big Mäc allein. Wer sich hingegen sein Menü aus einem Hamburger Royal TS, einer großen Portion Pommes, einem Salat mit normalem Dressing und einer Coke zusammenstellt, liegt – ohne Majo und Dessert – schon bei über 70 Gramm Fett.

Über 70 Gramm Fett im Menü

Unter 30 Gramm Fett im Menü

Fett-Tabelle McDonald's

Lebensmittel (Gewicht pro Portion)	**Fettgehalt** (g/Portion)
Getränke	
Milch (250 ml)	9,5
Orangensaft (250 ml)	0,1
Heißes Kakaogetränk (Portionsgröße nicht bekannt)	4,8
Frühstück	
Egg McMuffin (150 g)	22,2
Ham & Eggs (196 g)	20,6
McCroissant (94 g)	18,3
Sweet Breakfast *** (110 g)	27,9
Big Breakfast (Portionsgröße nicht bekannt)	29,8
Rösti (57 g)	8,9
Sandwiches	
Cheesburger (117 g)	12,6
Hamburger (103 g)	8,8
Hamburger Royal (205 g)	27,3
Hamburger Royal TS (247 g)	34,2
Big Mäc (212 g)	25,7
Fischmäc (144 g)	19,8
McRib (209 g)	21,4
Chicken-/Gemüseprodukte	
McChicken (178 g)	23,1
Chicken McNuggets 6er * (99 g)	12,2
Currysauce (29 g)	0,4
Süßsaure Sauce (29 g)	0,3
Senfsauce (29 g)	3,3
Barbecuesauce (29 g)	0,3
Gemüse Mäc (203 g)	24,9
Salate	
Chefsalat * (160 g)	8,6
Mexicana Salat * (170 g)	2,0
Pommes Frites ** (105 g)	16,6
Desserts	
Donuts Zucker (68 g)	17,4
Donuts Schoko (76 g)	17,8
Apfeltasche (80 g)	12,0

Lebensmittel (Gewicht pro Portion)	**Fettgehalt** (g/Portion)
Kirschtasche (78 g)	12,9
Sundae Eis	
In der Waffeltüte (96 g)	3,4
Mit Karamelsauce (153 g)	5,8
Mit Schokosauce (150 g)	8,4
Mit Erdbeersauce (150 g)	4,0
McFlurry	
Nuts (166 g)	13,6
Mini Smarties (177 g)	11,0
Jacobs Café Zauber Cappuccino (171 g)	9,5
Milchshakes	
Mit Erdbeergeschmack (240 g)	7,6
Mit Vanillegeschmack (240 g)	7,6
Mit Schokogeschmack (240 g)	7,9

Quelle: www.mcdonalds.de, Broschüre *McDonald's & Nährwert*

* ohne Sauce

** mittlere Portion gesalzen

*** ohne Aufstrich

Autobahnraststätten

Deutschlands Tank & Rast Autobahnraststätten gehören neben McDonald`s und Lufthansa Sky Chefs zu den Top 3 der Gastronomiebranche. Millionen von Menschen essen täglich in den über 700 Raststätten, Tankstellen, Kiosken und Motels. In den letzten Jahren hat sich einiges getan: Der Service wurde stark verbessert, die Restaurants sind heller und übersichtlicher geworden und das Essen kann an ansprechenden Büffettheken ausgewählt werden. Vorbei sind die Zeiten von dunklen und verrauchten Restaurants mit unfreundlichem Personal und langen Wartezeiten auf das Essen. Dass die Betreiber der Raststätten es mit Ihrem Slogan „Die neue Rastfreundlichkeit“ ernst nehmen, davon kann sich jeder Gast selbst überzeugen.

Zwar gibt es am Büffet noch keine Angaben über den Nährwert- und Fettgehalt der Speisen pro Portion, aber für den fettbewussten Autobahnreisenden hat gerade das Büffetangebot viele Vorteile: Suppe,

Die Auswahl vom Büffet hat viele Vorteile

Salat, Hauptgericht, Beilagen und Nachspeise können individuell gewählt werden. Eine Fettanalyse mit den Augen ist möglich (Schwimmt Gericht XYZ in Fett?). Am wichtigsten aber ist die Möglichkeit, individuelle Wünsche gegenüber dem Servicepersonal zu äußern, die gern erfüllt werden: „Ich hätte gern ein Stück von dem Schweinebraten ohne Fettrand!“

Hier wäre das Schweinegulasch wahrscheinlich die fettärmste Wahl

Die Getränkeauswahl an fettfreien Getränken ist sehr groß. Immer öfter lassen sich auch frisch gepresste Fruchtsäfte zapfen, die das Sammeln von fünf Portionen Obst und Gemüse am Tag erleichtern (www.5amtag.de). Fettfallen bei den

Getränken können allerdings in Milchshakes und Eiscafes stecken, wenn diese mit Eiscreme oder Sahne zubereitet sind. Im Zweifelsfall hilft eine Frage an das Servicepersonal weiter. Milchshakes in Flaschen enthalten oft eine Nährwertinformation, anhand derer fettarme Varianten ausgewählt werden können. Bei Kaffee und Tee entscheidet die zur Verfeinerung benutzte Milch oder Sahne über den Fettgehalt.

Frisch gepresster Orangesaft, fettfreie Energie für die Reise

Suchen Sie bei Milchmixgetränken die Fettangaben auf dem Etikett

Salate lassen sich an den Salatbüffets selbst zusammenstellen. Damit hat jeder Kunde automatisch die Möglichkeit, einen fettarmen Salat zusammen zu bauen und weitere Punkte für *5 am Tag* zu sammeln. Fettreiche Salatkomponenten sollten mit Bedacht ausgewählt werden: Sonnenblumenkerne, Pinienkerne, Speckwürfel, Oliven etc. Die wesentliche Fettquelle aber ist das Dressing. French- und Mayo-Dressings enthalten oft 25 und mehr Prozent Pflanzenöl. Joghurt-Dressings hören sich vom Namen her fettarm an, liegen jedoch mit einem Fettgehalt von 10-20% weit über dem Fettgehalt von Joghurt. 100 ml Joghurtdressing kann damit fast 20 Gramm Fett enthalten. Es ist zwar die bessere Alternative als French-Dressing, Zurückhaltung bei der Menge ist aber auch hier angezeigt. Bei Vinaigretten, Essig-Öl- und Kräuterdressings lässt sich durch einen Blick in die Karaffe der Ölgehalt recht gut abschätzen. Das leichtere Öl schwimmt obenauf. Ein guter Tipp, um hier nochmals Fett zu sparen: Gehen Sie mit der Kelle möglichst tief in die Karaffe und vermeiden Sie das Abschöpfen von der Oberfläche.

Salate: Das Dressing entscheidet über den Fettgehalt

Bei den Hauptgerichten kann man durch Auswahl fettarmer Beilagen, wie Gemüse, Salzkartoffeln, Reis oder Nudeln viel Fett einsparen. Vorsicht ist bei Aufläufen, Gratins und Majonäse-Salaten (Kartoffelsalat!) geboten. Darin stecken oft beträchtliche Mengen Sahne, Creme Fraiche oder Majo. Der Fettgehalt der Fleisch- oder Fischkomponente hängt vom verwendeten Fleisch/Fisch, von der Zubereitung und der Sauce ab. Mageres Muskelfleisch und Filets von Hochseefischen sind fettarm, wenn sie nicht in Öl oder einer Sahnesauce schwimmen. Gebratenes, Gedünstetes und Gegrilltes ist meist fettärmer als Paniertes und Frittiertes. Ein guter Tipp als kleinere Mahlzeit sind Eintöpfe ohne Wursteinlage, denn Gemüse, Kartoffeln, Hülsenfrüchte, Reis und Nudeln enthalten kaum Fett. Auch Chili con Carne ist meist eine fettarme Wahl.

Die Suppen, das Zigeunerschnitzel (mit Salzkartoffeln) und Spaghetti Bolognese wären hier die fettarme Wahl

In der Rubrik Belegte Brötchen und Sandwiches gilt wie gehabt: Frittiertes und Hackfleischfrikadellen sind fettreich, die

Butter- oder Margarinemenge beeinflusst den Fettgehalt stark und Käse in größerer Menge hat ebenfalls einen ordentlichen Anteil Fett. Die Sorten mit gekochtem Schinken, Hähnchen- und Putenfleisch sind meist die fettärmere Wahl. Am allerbesten aber, Sie lassen sich Ihr Sandwich so zusammen stellen, wie Sie möchten. Dann können Sie Senf statt Butter oder Margarine wünschen und die mageren Fleischsorten auswählen. Mit Salatblättern garniert bekommen Sie so ein fettarmes Power-Sandwich.

Brötchen am besten selbst belegen lassen

Als fettarme Nachspeise kommen grüne und rote Grütze, Joghurt, Fruchtquarks oder Puddings in Frage. Fettreicher sind viele Cremespeisen und natürlich Mousse au Chocolat. Sind Fruchtjoghurts und Fruchtquarks verpackt, so verrät ein Blick auf die Packung die Fettstufe. Ganz und gar fettfrei ist Obst, das sich auch beim Fahren noch recht gut als Snack essen lässt. Wer gern in die Eistruhe greift, kann viel Fett sparen, indem er Fruchteis oder Milchspeiseeis auswählt. Eiscreme und Eissorten mit dicker Schokoglasur sind ein fettreicher Nachtisch.

Fettarme Nachspeisen

Bevorzugen Sie Fruchteis

Wenn nur eine kleine Zwischenmahlzeit gewünscht ist, dann bietet sich neben Obst und Fruchtjoghurt auch eine Portion Cornflakes und Co. an: Selbst mit Vollmilch eine fettarme Mahlzeit.

Cornflakes & Co.: Eine fettarme Zwischenmahlzeit

Mitropa
Service im Zug

Die Mitropa bewirtschaftet allein für die Deutsche Bahn rund 750 Speise-, Schlaf- und Liegewagen und lädt Bahnreisende in die BordRestaurants, Bistro Cafes und BordTreffs ein. Zusätzlich gibt es einen Am-Platz- und Abteil-Service sowie die mobile Minibar. Das Angebot in den rollenden BordRestaurants von IC und ICE ist sehr vielfältig. Seit Mai 2001 ist Abwechslung im Monatsrhythmus programmiert. Es gibt ein monatliches abwechselndes Speisenangebot, die sog. „Spezialitäten des Monats“. Ein Teil der Karte aber bleibt unter dem Motto „Klassiker im Zug“ gleich. Nährwertinformationen für die monatlichen Spezialitäten und die Klassiker sucht man auf der Karte vergeblich, auch im Internet sind diese noch nicht abrufbar. Dennoch kann man durch geschickte Auswahl (wahrscheinlich) einiges an Fett einsparen. Die aktuelle Karte des Monats lässt sich schon vor Reiseantritt im Internet studieren:

http://www.mitropa.de/mitropa/pdf/speisen.pdf

Die aktuelle Speisekarte ist online auf den Internetseiten der Mitropa herunter zu laden

Beginnen Sie den Tag mit einem Frühstück im BordRestaurant, dann stehen Ihnen dafür drei Standardkombinationen zur Auswahl: Bord Frühstück, Herzhaftes Boulevard Frühstück und Vitales Frühstück. Auf der Karte können Sie die einzelnen Bestandteile nachlesen. Sie werden feststellen, dass alle Varianten nicht fettarm sein werden – wenn Sie alles verspeisen, was Sie serviert bekommen! Gerade die Butterportionen sind sehr üppig bemessen. Das „Kratzen" der Butter ist daher der erste Schritt, bei allen Frühstücken Fett zu sparen. Besonders in sich hat es das Herzhafte Boulevard Frühstück. Neben Butter liefern Croissant, Käse, Salami und Schinken weiteres Fett. Der gekochte Schinken als Belag ist noch die fettärmste Wahl. Fragen Sie bei der Bestellung, ob Sie statt Salami eine Scheibe Schinken mehr bekommen können.

Es gibt eine weitere Möglichkeit, das Frühstück fettärmer zu gestalten: Mit den Ergänzungen zum Frühstück. Hier können Sie zwischen zusätzlicher Butter (!), Milch, Honig, BIO-Joghurt, gekochtem Ei und Rühreiern wählen. Folgende Kombination

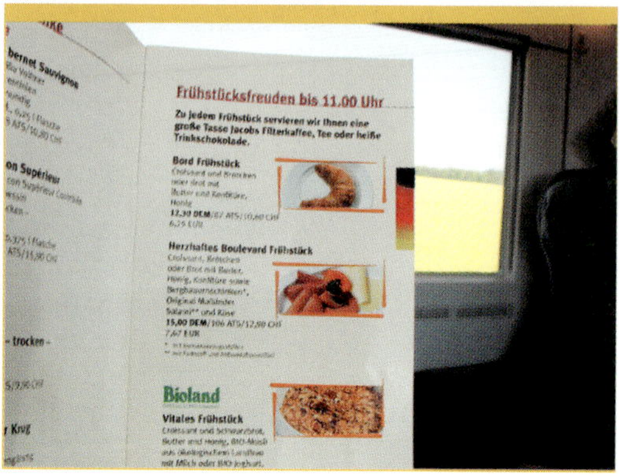

Das Frühstücksangebot im BordRestaurant

liefert ein durch und durch fettarmes Frühstück: Bestellen Sie das Bord Frühstück mit 2 Brötchen (statt Brötchen und Croissant) und einen Becher BIO-Joghurt zusätzlich. Statt der beiliegenden Butter kommt Joghurt unter die Konfitüre und fertig ist das fettarme Frühstück. Selbst ein wenig Butter unter der Brötchenhälfte mit Honig belässt den Fettgehalt des Frühstücks im Rahmen. Auch ein Frühstücksei bringt gerade 6 Gramm Fett zusätzlich.

Bauen Sie sich ein fettarmes Frühstück zusammen

Wer ein warmes Essen genießen möchte, dem stehen warme und kalte „Klassiker im Zug“ zur Verfügung. Hier ist die fettarme

Wahl einfacher als beim Frühstück. Wenig Fett scheinen die Schmetterlingsnudeln mit Tomatensauce, Chili con carne und auch das Lachsragout zu enthalten. Bei den kalten Klassikern hat man wie beim Frühstück die Chance, durch bedachten Umgang mit Butter Fett zu sparen. Auch das Abtrennen des Fettrandes beim Tiroler Bergbauernschinken spart Fett. Wenn sich das Angebot an warmen Gerichten ändert, dann sind in jedem Fall Nudelgerichte mit einer roten Tomatensauce, Bohneneintöpfe à la Chili con carne und asiatische Reisgerichte ein fettarmer Tipp.

Chili con carne – eine fettarme Wahl

Selbst mit etwas Parmesan verfeinert noch fettarm – Schmetterlingsnudeln mit Tomatensauce

Auch Salatfans finden drei Salate auf der Bordkarte. Variante 1 kombiniert verschiedene frische Blattsalate mit Hähnchenbruststreifen, Variante 2 mit Sonnenblumen-, Sesam-, Kürbis- und Sojakernen und Variante 3 mit Räucherlachs. Die fettärmste Variante dürfte die Hähnchenbrust-Version sein. Aber auch Lachs ist mit 12% Fettgehalt keine Fettfalle, enthält er doch gerade die günstigen Omega-3-Fettsäuren. Bei den Ölsamen (Fettgehalt 60% im Durchschnitt) kommt es erheblich auf die verwendete Menge an. Für die Salate können Sie zwischen Joghurt-Dressing und Essig-Öl-Dressing wählen. Joghurt-Dressings hören sich fettarm an, oft ist Ihnen aber Pflanzenöl zugesetzt und der Fettgehalt liegt dann weit höher als der von Joghurt. Für beide Dressings gilt – eher nicht fettarm und daher sparsam zum Verfeinern verwenden. Der wichtigste Tipp hierfür wird gern vom Mitropa-Personal erfüllt: Lassen Sie sich das Dressing separat vom Salat servieren. Dann entscheiden Sie selbst, ob es 20, 50 oder gar 100 ml Dressing für den Salat sein müssen.

Lassen Sie sich das Dressing separat vom Salat servieren

Wer zwischendurch ein Stück Kuchen essen möchte, liegt mit Apfelkuchen (ohne Sahne) vom Fettgehalt her oft am besten. Die zeitweise angebotenen dänischen Plunderstücke gehören eher in die Kategorie fettreich. Am Platz versorgt die Minibar die Bahnreisenden mit Snacks für zwischendurch. Zum Angebot gehören Schokoriegel, Kaffee, heiße Würstchen, Sandwiches u. v. m. Wie Sie aus dem großen Angebot der Schokoriegel die fettärmere Wahl treffen, das wurde bereits im Buch *Fettfalle Supermarkt* verraten.

Das Schinken/Ei-Sandwich ist nach Zutatenliste die fettärmere Wahl

Wenn ein ICE seinen Startbahnhof verlässt, gibt es mindestens fünf verschiedene Sorten Baguettes und Sandwiches im Bord-Treff und in der Minibar. Im Verlauf der Reise wird die Auswahl meist schnell kleiner. Der Gast kann zwischen drei verschiedenen Brotsorten wählen: Baguette, Sandwich und Vollkorn. Die Baguettes nennen sich im Zug Zwirbellinos. Klassische Belagmöglichkeiten sind Käse, Schinken & Ei, Putenbrust, Salami und Salami und Käse. Da das Brot selbst keine relevante Menge

Fett enthält, entscheidet der Belag über den Fettgehalt der belegten Brote. Neben Wurst/Ei und Käse sind die Sandwiches meist noch mit pflanzlichem Brotaufstrich oder Majonäse bestrichen. Ob pflanzlicher Brotaufstrich oder Majo, beides hält das Sandwich mit einer ordentlichen Portion Fett zusammen. Am fettärmsten liegen daher Sandwiches und Baguettes mit Kochschinken/Ei oder Geflügelfleisch, denn hier liefert zumindest der Aufschnitt nur wenig zusätzliches Fett.

Zwirbellinos mit Salami oder Käse: Nicht fettarm

Wie immer in unklaren Fällen kann ein Blick auf die Zutatenliste weiterhelfen. Je weiter vorn hier pflanzlicher Brotaufstrich, Käse oder Salami stehen, um so fettreicher dürfte das belegte Brötchen sein. Auch die Angabe der Fleischmenge in Gramm kann weiterhelfen, wie auch eine (seltene) prozentuale Angabe der Käse- oder Wurstmenge. Neben den Zwirbellinos und Sandwiches gibt es auch belegte Vollkornschnitten. Die Variante mit Salami und Käse enthält aber gleich 3 fettreiche Zutaten:

Gouda, Salami und pflanzlichen Brotaufstrich. Hier wäre eine Vollkornschnitte mit Schinken & Ei oder Putenbrust die fettärmere Alternative.

Vollkorn bedeutet nicht automatisch fettarm

Details zum Fettgehalt von Butter, Margarine, Brotaufstrichen, Wurst und Käse finden Sie in *Fettfalle Supermarkt* (siehe Kapitel *Lesetipps*).

Burger King

Das Unternehmen hat seinen Ursprung im US-Bundesstaat Florida. 1954 wurde Burger King von James McLamore und David Edgerton in Miami gegründet. Das Konzept der Gründer: Qualitativ hochwertiges und preiswertes Essen wird in einer ansprechenden und sauberen Umgebung schnell serviert. Heute zählt Burger King mit über 11.000 Restaurants in 58 Ländern zu den ganz Großen der Branche. 15 Mio. Kunden werden täglich bedient. Im Jahr 1976 eröffnete der erste deutsche Burger King in Berlin, 2001 gibt es bereits über 300 Filialen im Land.

Im Unterschied zu vielen anderen Schnellrestaurant-Ketten werden die Fleischpatties bei Burger King gegrillt und nicht gebraten. Burger und Co. haben daher einen besonderen Grillgeschmack. Ein weiterer Unterschied: Die Burger sind im Schnitt größer und schwerer als die anderer Fastfood-Restaurants. Dadurch ist auch

Burger King betreibt in Deutschland mehr als 300 Restaurants

der Fettgehalt pro Burger höher. Das relativiert sich allerdings, wenn man anstatt 2 Burgern bei Burger King nur einen großen Burger verspeist. Wie bei allen Burgern gilt: Fleischpatty, Käse und Majo bestimmen den Fettgehalt. So wundert es nicht, dass auch bei Burger King der klassische Hamburger die fettärmste Wahl ist.

Hamburger liegen mit 12 Gramm Fett gut

Zu den Flaggschiffen von Burger King zählen die Whopper. Davon verkauft Burger King weltweit mehr als 1,6 Milliarden Stück im Jahr. Whopper werden aus einem Sesambrötchen, einer oder zwei gegrillten Fleischfrikadellen, Salat, Tomaten, Gurke, Zwiebeln, Ketchup und Majo und Käse komponiert. Durch den stark unterschiedlichen Fleisch,- Majo- und Käsegehalt liegt der Fettgehalt je nach Sorte zwischen 21 (Whopper JR.) und 59 Gramm (Doppel-Whopper mit Käse). Zwei Whopper JR. oder sogar drei Hamburger liegen im Fettgehalt um einiges besser als die doppelten Whopper.

Der Whopper: eine Spezialität von Burger King, aber nicht fettarm

Die Whopper-Zutaten – von Doppeldecker bis Zwiebel – können individuell verändert werden

Bei Burger King darf der Kunde getreu dem Motto „Have it your way!“ mitbestimmen, was auf seinen Burger kommt. Schon an der papierenen Hülle der Burger kann man erkennen, dass es Burger King damit ernst meint. Alle Zutaten sind in Form kleiner Logos aufgedruckt. Bei der Bestellung dürfen Sie Ihre Zutaten wählen. Statistisch haben Sie 1024 verschiedene Möglichkeiten, sich einen Whopper zusammenbauen zu lassen. Die besten Fettspartipps sind auch hier: 1. Verzichten Sie auf Majo und nehmen Sie stattdessen eine Portion rote Sauce extra. 2. Wünschen Sie sich statt fettreichem Käse und Speck besonders viel fettfreies Gemüse, wie Gurke, Salat und Zwiebel auf Ihren Whopper und sammeln Sie so auch gleich Punkte für *5 am Tag* (www.5amtag.de). Nicht ganz fettarm sind die fleischlosen Country-Burger mit einem Majodressing: Die deutsche Internetseite zeigt 27 Gramm Fettgehalt an. Auch dieser Burger lässt sich mit Fettspartipp 1 ordentlich entfetten.

Wer „Have it your way!“ online ausprobieren möchte: Burger Heaven auf www.burgerking.co.uk

Nur 8 Gramm Fett: Ein BK Broiler (aus dem US-Menü) ohne Majo mit extra Ketchup

Über die deutsche Internetseite www.burgerking.de lassen sich Nährwertinformationen von Whopper, Burger und Co. anzeigen. Wer nach Amerika reist, findet schnell alle Nährwerte und Zutaten über die internationale Seite www.burgerking.com. Auf dieser Seite gibt es auch eine besonders hilfreiche Angabe: Den Fettgehalt aller Whopper-Varianten ohne Majosauce. Durch den Verzicht auf die Majosauce sinkt er um etwa 40%. Ein Whopper Junior kommt so nur noch auf 14 Gramm Fett.

Auf der US-Website ist auch der Fettgehalt ohne Majosauce (without Mayo) zu erfahren

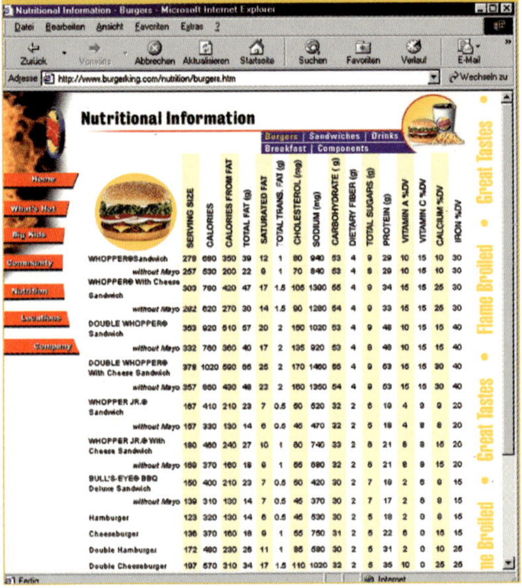

	SERVING SIZE	CALORIES	CALORIES FROM FAT	TOTAL FAT (g)	SATURATED FAT	TOTAL TRANS. FAT (g)	CHOLESTEROL (mg)	SODIUM (mg)	CARBOHYDRATE (g)	DIETARY FIBER (g)	TOTAL SUGARS (g)	PROTEIN (g)	VITAMIN A %DV	VITAMIN C %DV	CALCIUM %DV	IRON %DV
WHOPPER® Sandwich	279	680	350	39	12	1	80	940	53	4	9	29	10	15	10	30
without Mayo	257	530	200	22	9	1	70	840	53	4	8	29	10	15	10	30
WHOPPER® With Cheese Sandwich	303	780	420	47	17	1.5	105	1390	55	4	9	34	15	15	25	30
without Mayo	282	620	270	30	14	1.5	90	1280	54	4	9	33	15	15	25	30
DOUBLE WHOPPER® Sandwich	353	920	510	57	20	2	160	1020	53	4	9	48	10	15	15	40
without Mayo	332	760	360	40	17	2	135	920	53	4	8	48	10	15	15	40
DOUBLE WHOPPER® With Cheese Sandwich	378	1020	590	65	25	2	170	1460	55	4	9	63	15	15	30	40
without Mayo	357	860	430	48	23	2	160	1350	54	4	9	63	15	15	30	40
WHOPPER JR.® Sandwich	167	410	210	23	7	0.5	50	520	32	2	5	19	4	9	9	20
without Mayo	157	330	130	14	6	0.5	45	470	32	2	5	18	4	8	8	20
WHOPPER JR.® With Cheese Sandwich	180	460	240	27	10	1	60	740	33	2	8	21	8	8	15	20
without Mayo	169	370	160	18	9	1	55	690	32	2	6	21	8	9	15	20
BULL'S-EYE® BBQ Deluxe Sandwich	150	400	210	23	7	0.5	50	420	30	2	7	19	2	6	9	15
without Mayo	139	310	130	14	7	0.5	45	370	30	2	7	17	2	6	9	15
Hamburger	123	320	130	14	6	0.5	45	530	30	2	5	18	2	0	8	15
Cheeseburger	136	370	160	18	9	1	55	760	31	2	5	22	6	0	15	15
Double Hamburger	172	490	230	26	11	1	85	580	30	2	5	31	2	0	10	25
Double Cheeseburger	197	570	310	34	17	1.5	110	1020	32	2	5	35	10	0	25	25

Neben Whoppern und Burgern gibt es auch einige sehr beliebte Hähnchengerichte wie Sandwiches, Wings und Nuggets. Nur 14 Gramm Fett enthält das Chicken de Luxe-Sandwich, King Size Chicken und Big Chicken mit Käse liegen deutlich darüber. Auch hier hilft es, eine „Have it your way!"-Bestellung zu tätigen und fettreiche

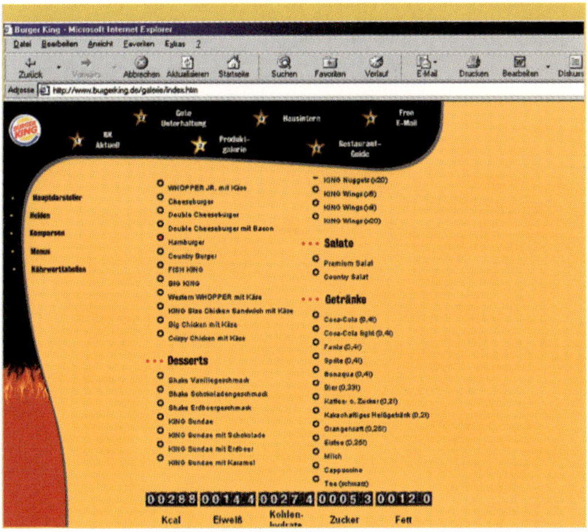

Deutsche Nährwertinfos gibt es im Internet

Majosauce gegen fettfreien Ketchup austauschen zu lassen. Sehr große Unterschiede im Fettgehalt gibt es zwischen Chicken Wings und King Nuggets. Wings sind um ein Vielfaches fettreicher als Nuggets. Eine große Portion Chicken Wings liefert fast 100 Gramm Fett, genug für anderthalb Tage. Die bessere Alternative für Liebhaber von Geflügel-Fingerfood sind King Nuggets, die nur wenig mehr als 1 Gramm Fett pro Stück enthalten.

20 Chicken Wings: 95 Gramm Fett

Ein Chicken-Sandwich fettreduziert: Mit Ketchup statt Majosauce

Seit 2001 neu im Programm sind Miami-Wraps, dünne Teigtaschen mit deftiger Füllung. Es gibt sie in einer Thunfisch- und zwei Hähnchen-Varianten. Der Thunfisch ist nicht in Form von Filet sondern als Salat im Miami-Wrap Thunfisch enthalten. Da Thunfischsalat meist eine größere Menge Pflanzenöl enthält, ist er nicht fettarm. Besser scheint die Wahl eines Spicy Chicken Wraps mit Hähnchen-Nuggets und Cajun-Sauce zu sein. Die Nuggets sind fettarm und auch die scharfe rote Cajun-Sauce auf Ketchup-Basis liefert kein nennenswertes Fett zusätzlich.

Spicy Chicken Wraps sind die fettärmste Wrap-Variante

Eine gute Zusammenstellung: Etwa 25 Gramm Fett

Auf der Burger King Speisekarte stehen zwei Salate: Country und Premium. Die Salate selbst enthalten nur wenig Fett. Das zusätzliche Dressing entscheidet hauptsächlich über den Fettgehalt. Von 0 bis 14 Gramm Fett zusätzlich liefern die abgepackten Salatdressings. Fettfrei und erste Wahl ist das Kräuterdressing. Wer mit der Hälfte der Salatsauce auskommt, fährt auch mit French- und Joghurtdressing nicht schlecht. Kombiniert man einen Country-Salat mit Kräuterdressing, einer kleinen Portion Pommes rot, einem Hamburger und einem Softdrink zu einem Menü, dann bleibt der Fettgehalt des ganzen Menüs mit etwa 25 Gramm im Rahmen.

Zum Desserts haben Sie die Wahl zwischen Milchshakes, Sundaes (Softeis) und heißen Apfeltaschen. Die Fettgehalte für diese Desserts finden Sie in der Fett-Tabelle.

Fett-Tabelle Burger King

Lebensmittel (Gewicht pro Portion)	**Fettgehalt** (g/Portion)
Whopper und Burger	
Whopper (274 g)	35,3
Whopper mit Käse (300 g)	42,3
Doppel-Wopper (359 g)	52,4
Doppel-Whopper mit Käse (384 g)	59,2
Whopper Junior (160 g)	20,9
Whopper Junior mit Käse (173 g)	24,4
Western Whopper (Portionsgröße nicht bekannt)	45,7
Big King (Portionsgröße nicht bekannt)	22,4
Hamburger (124 g)	14,3
Cheeseburger (137 g)	17,8
Double Cheese (203 g)	31,9
Double Cheese mit Bacon (213 g)	35,0
Hähnchen, Fisch, Vegetarisch	
Chicken de Luxe (158 g)	14,3
King Size Chicken (211 g)	33,3
Big Chicken mit Käse (Portionsgröße nicht bekannt)	34,0
Chicken Wings (6 Stück)	28,6
Chicken Wings (9 Stück)	42,8
Chicken Wings (20 Stück)	95,2
King Nuggets (6 Stück)	6,8
King Nuggets (9 Stück)	10,2
King Nuggets (20 Stück)	22,6
Country Burger (177 g)	16,7
	(27,4[++])
Fish King (178 g)	21,2
Crispy Chicken mit Käse (Portionsgröße nicht bekannt)	22,9
Beilagen	
BBQ Sauce Dip Pot (25 g)	0
Sweet & Sour Sauce Dip Pot (25 g)	0,1
Curry Sauce Dip Pot (20 g)	11,8
Mexicana Salsa Dip Pot (20 g)	0
Ketchupbeutel (11 g)	0
King Pommes klein (75 g)	11,0[+]
King Pommes mittel (117 g)	18,0[+]
King Pommes groß (160 g)	25,0[+]

Lebensmittel (Gewicht pro Portion)	**Fettgehalt** (g/Portion)
Frit Sauce Beutel (20 g)	6,0
Zwiebelringe (90 g)	13,1
Desserts	
King Sundae Vanillegeschmack (141 ml)	5,1
King Sundae mit Schokoladensauce (156 ml)	5,3
King Sundae mit Erdbeersauce (156 ml)	5,1
Heiße Apfeltasche (115 g)	14,0
Shakes	
Shake Vanillegeschmack (250 ml)	9,9
Shake Schokoladengeschmack (250 ml)	10,2
Shake Erdbeergeschmack (250 ml)	9,9
Getränke	
Orangensaft (250 ml)	0
Eistee (250 ml)	0
Kaffee- ohne Zucker (200 ml)	4,0
Kakaohaltiges Heißgetränk (200 ml)	1,6
Coca-Cola (400 ml)	0
Coca-Cola light (400 ml)	0
Fanta (400 ml)	0
Sprite (400 ml)	0
Bonaqua Tafelwasser (400 ml)	0
Bier (330 ml)	0
Salate und Dressing	
Country Salat (201 g)	0,6
Premium Salat (173 g)	5,5
Joghurt Dressing (75 g)	13,9
French Dressing (75 g)	11,4
Kräuter Dressing – fettfrei (75 g)	0

Quelle: Burger King München (30.7.01) & +www.burgerking.com & ++www.burgerking.de

Pommesbude

Neben Hamburgern sind Pommes frites für viele der Inbegriff von ungesundem Fastfood und verfallender Esskultur. Zu Unrecht. Grundzutat sind Kartoffelstreifen. Kartoffeln gehören zu den kohlenhydratreichen Basislebensmitteln, die zugleich praktisch fettfrei sind. So empfiehlt die Deutsche Gesellschaft für Ernährung (www.dge.de) in Ihrer Regel Nummer 2:

Getreideprodukte – mehrmals am Tag und reichlich Kartoffeln, Brot, Nudeln, Reis, Getreideflocken, am besten aus Vollkorn, sowie Kartoffeln enthalten kaum Fett, aber reichlich Vitamine, Mineralstoffe, Spurenelemente sowie Ballaststoffe und sekundäre Pflanzenstoffe.

Home > Medizin > Ernährung

Ärzte Zeitung, 24.07.2001

Pommes sind besser als ihr Ruf

Pommes sind fett, ungesund und stehen für schlechte Eßkultur. Dieser Ruf eilt den goldgelben Kartoffelstäbchen voraus - zu Unrecht, wie Ernährungswissenschaftler sagen. Richtig zubereitet passen Pommes durchaus zu einer ausgewogenen Ernährung.

Etwa 13 Gramm Fett enthält eine Portion Pommes. Maximal 80 Gramm Fett pro Tag empfiehlt die Deutsche Gesellschaft für Ernährung. Wer zu den Pommes nicht noch eine Currywurst (47 Gramm Fett) verdrückt, muß kein schlechtes Gewissen haben. "In eine vielseitige Ernährung eingebaut, sind Pommes frites kein Problem", so Ulrich Schlemmer von der Bundesforschungsanstalt für Ernährung in Karlsruhe.

Die Qualität des Fettes in der Friteuse ist jedoch entscheidend. Statt zu Palm- oder Kokosfett raten die Ernährungswissenschaftler zu einer Mischung aus Olivenöl, Rapsöl und Sonnenblumenöl. *(ddp)*

Copyright © 1997-2001 by Ärzte Zeitung

Pommes frites ohne Mayo sind besser als ihr Ruf

Natürlich werden die Kartoffelstreifen noch in siedendem Fett frittiert, um zu Pommes frites zu werden. Dabei bleibt eine gewisse Menge Fett auf den Kartoffelstreifen zurück.

Die auf der Oberfläche verbleibende Fettmenge ist aber nicht so hoch, wie viele vermuten. So titelt die Online-Ausgabe der Ärztezeitung, Pommes frites seien besser als ihr Ruf. Je nach Größe der Portion kommen zwischen 10 und 20 Gramm Fett zusammen. Bei 60 – 80 Gramm Tagesfettmenge passt auch eine Portion Pommes in den Tagesplan. Es gibt weitere gute Möglichkeiten, Fett einzusparen ohne auf Pommes verzichten zu müssen.

Tipp 1:
Für den Fettgehalt ist es wichtig, wie groß die Oberfläche der Pommes im Verhältnis zum Gewicht ist. Hier wird es physikalisch. Je dicker die Pommes frites sind, um so kleiner ist das Verhältnis von Oberfläche zu Gewicht und um so niedriger der Fettgehalt. Es gibt zwar auch weitere Einflussfaktoren, wie die Temperatur des Frittierfetts, aber grundsätzlich liegt man hier richtig.

Tipp 2:

Immer häufiger gibt es als Alternative zu Pommes frites sog. Country Potatoes, Farm Potatoes oder Potato Wedges. Das sind auf gleiche Art und Weise zubereitete Kartoffelspalten. Gemäß Tipp 1 haben diese durch ihre Dicke ein besseres Verhältnis zwischen Oberfläche und Gewicht. Bei gleicher Menge ist daher der Fettgehalt niedriger, als der von dünnen Pommes frites.

Wählen Sie Country Potatoes oder Potato Wedges

Tipp 3:

Selbst wenn sich der Fettgehalt von Pommes frites oder frittierten Kartoffelspalten in Grenzen hält, so kann eine ordentliche Portion Majonäse daraus schnell eine Fettfalle machen. 50 Gramm Majonäse liefern zwischen 25 und 40 Gramm Fett zusätzlich. Eine große Portion Pommes (20 Gramm Fett) plus 50 Gramm Majo mit 80% Fettanteil (40 Gramm Fett) enthält eine komplette Tagesration Fett! Wenn Sie statt Majo fettfreie rote Ketchupsaucen oder klassischen Ketchup wählen, sparen Sie viel Fett ein.

Ketchup und rote Saucen sparen viel Fett

Tipp 4:
Wenn es zusätzlich zu den Pommes noch Burger, Wurst und Co. sein sollen, dann wählen Sie hier fettarme Varianten und bestellen Sie nur eine kleine Portion Pommes frites. Schon durch Kombination einer Currywurst (47 Gramm Fett) mit einer mittleren Portion Pommes frites ohne Majo (13 Gramm Fett) kommt man auf die Tagesration Fett, so das Beispiel in der Ärztezeitung. Fettarme Alternativen zu Burger, Wurst und Co. finden Sie in den entsprechenden Kapiteln.

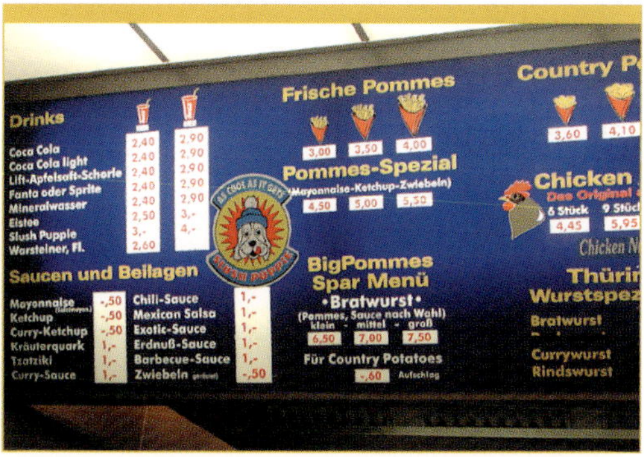

Hier wären Country Potatoes mit Ketchup, Curry-, Chili-, Mexican-, Exotic- oder Barbecue-Sauce die beste Wahl

Imbiss

Von Currywurst bis Leberkäse, Pommes frites bis Rostbratwürstchen und von Schinkensemmel bis Schnitzelbrötchen – das Angebot der Imbissbuden ist vielfältig. Es ist nicht nur die Vielfalt des Angebots, die eine Entlarvung der Fettfallen schwierig macht, sondern die von Imbissbude zu Imbissbude stark abweichenden Rezepturen und unterschiedlichen Portionsgrößen. Ein Spiegelbild des Problems liefert ein Blick in verschiedene Nährwerttabellen. Da hat ein Schaschlik von 200 g in der BGVV-Broschüre *Von Currywurst bis Gänsebraten* einen Fettgehalt von 25 Gramm, im *Bundeslebensmittelschlüssel* gerade einmal 11 Gramm. Die drei Fett-Tabellen am Ende des Kapitels sind nach der zugrundeliegenden Datenquelle geordnet und erlauben zumindest eine grobe Einschätzung.

Einen praxisnahen Vergleich zeigt die dritte Tabelle mit Daten aus dem *Bundeslebensmittelschlüssel* BLS, einer umfassenden

Datenbank von mehr als 10.000 Lebensmitteln (siehe Quellenangabe am Ende der Tabelle). Hier sind die Portionsgrößen kompletter Imbiss-Snacks auf 200 Gramm gleichgesetzt. Die Kombination Wurst & Brot liegt so bei etwa 30 Gramm Fett. Wer Schaschlik statt Wurst wählt, kommt auf nur 11 Gramm Fett.

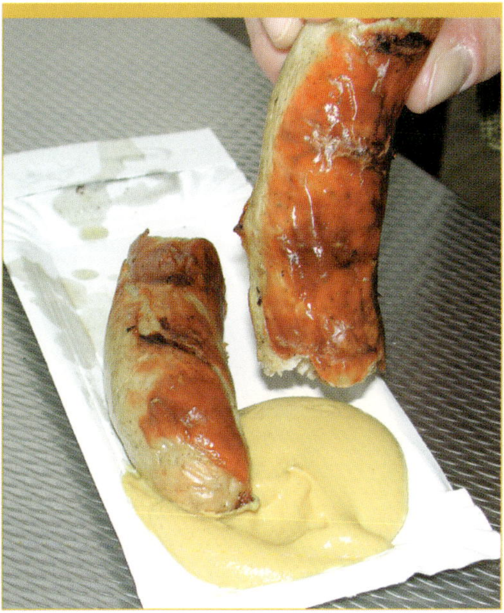

Bratwurst und andere Würste sind fettreich

Mit diesen Empfehlungen liegen Sie bei einer Imbissbude richtig: 1. Würste und Fleischkäse aller Art sind meist fettreich. 2. Vom Fettgehalt besser liegen Schnitzel und Schaschlik, da sie Muskelfleisch enthalten. 3. Frikadellen können je nach verwendetem Hackfleisch unterschiedlich fettreich sein. 4. Kartoffelsalat oder Pommes frites als Beilage, v. a. mit Majo, liefern zusätzliches Fett. 5. Als fettarme Beilage sind Brötchen, ein Stück Baguette oder Toast die bessere Alternative.

Schaschlik ist an der Imbissbude keine schlechte Wahl

An Imbissbuden wird oft noch weit mehr angeboten, als Würste und Pommes frites. Auswahlhilfen für Sandwiches finden Sie u.a. in den Kapiteln *Mitropa Service im Zug* und *Autobahnraststätten*. Wie man bei Döner und Gyros Fett spart, steht im gleichnamigen Kapitel. Die Tipps im Kapitel *Pizza Hut* helfen Ihnen, eine fettarme Pizza zu finden.

In den Innenstädten gibt es immer mehr auf Hot Dogs spezialisierte Imbisse. Da Brötchen, Zwiebeln, Ketchup (rote Sauce) und Senf keinen nennenswerten Fettgehalt haben, ist das heiße Würstchen die Hauptfettquelle. Je nach Größe des Würstchens dürfte der Fettanteil in der Größenordnung eines Cheeseburgers liegen. Verzichten Sie bei der Bestellung auf fettreiche Saucen, Käse und Röstzwiebeln, dann bleibt der Fettgehalt eines Hot Dogs im Rahmen.

Hot Dogs mit Ketchup und Senfsauce ohne Majo/American Cream und Käse wählen

Manche Imbisse bieten auch belegte Brötchen/ Kuchen an

Fett-Tabelle Imbissbude

Lebensmittel (Gewicht pro Portion)	**Fettgehalt** (g/Portion)
Daten aus *Kalorien Mundgerecht*	
Cordon bleu (150 g)	17
Frikadellen (150 g)	15
Bockwurst (115 g)	29
Schweinebratwurst (150 g)	43
Münchner Weißwurst (125 g)	31
Nürnberger Rostbratwurst (100 g)	29
Wiener Würstchen 1 Paar (70 g)	20
Quelle: Siehe *Lesetipps*	
Daten aus *Von Currywurst bis Gänsebraten*	
Backkartoffel mit Kräuterquark (200 g)	2
Baguette classic (gek. Schinken, Käse, Salat, Tomaten) (235 g)	24
Baguette mit Mozzarella und Tomaten (220 g)	18
Baguette mit Salami, Salat, Tomate (220 g)	23
Bockwurst mit Senf und Brötchen (180 g)	35
Bockwurst mit Senf und Kartoffelsalat (370 g)	44
Currywust mit Ketchup und Brötchen (160 g)	24
Frikadelle mit Senf und Kartoffelsalat (380 g)	19
Frikadelle mit Ketchup und Bratkartoffeln (430 g)	23
Hähnchen gegrillt (400 g)	40
Rostbratwurst mit Senf und Brötchen (160 g)	29
Weißwurst mit süßem Senf und Laugenbrezel (185 g)	31
Eisbein gepökelt (200 g)	16
Sülze (200 g)	10
Remouladensoße (40 g)	30
Bratkartoffeln (250 g)	17
Leberkäse gebraten (150 g)	36
Schaschlik (200 g)	25
Schweineschnitzel natur gebraten (150 g)	9
Schweineschnitzel paniert gebraten (150 g)	16
Kartoffelpuffer (200 g)	24
Germknödel (200 g)	28
Quelle: Siehe *Lesetipps*	

Lebensmittel (Gewicht pro Portion)	**Fettgehalt** (g/Portion)
Daten aus *Bundeslebensmittelschlüssel II.3*	
Schaschlik mit Brötchen und Tomatenketchup (200 g)	11
Bratwurst mit Brötchen und Senf (200 g)	34
Currywurst mit Curryketchup und Brötchen (200 g)	30
Quelle: Der Bundeslebensmittelschlüssel (BLS II.3). Bundesinstitut für gesundheitlichen Verbraucherschutz und Veterinärmedizin, Berlin 1999	

NORDSEE

Die Tradition von NORDSEE begann bereits im Jahr 1896 mit der ersten Verkaufsstelle in Bremen. Das Ziel der „Deutschen Dampffischerei-Gesellschaft NORDSEE: Frischen Fisch auf dem schnellsten Wege im Binnenland anzubieten.“ Im Jahr 1932 zählt NORDSEE bereits 128, im Jahr 1955 250 Läden in der Bundesrepublik Deutschland. Während die Läden in den ersten Jahrzehnten des Unternehmens als Fischspezialgeschäfte auf den Verkauf von frischem Fisch für die Zubereitung zuhause konzipiert waren, so änderte sich im Jahr 1964 das Konzept. Mit NORDSEE Quick startete ein völlig neuartiges Gastronomiekonzept, das die Fischspezialgeschäfte um ein Restaurant erweiterte. Schon 1974 wird das 100. Quick-Restaurant mit einem kleinen Volksfest in Göttingen eröffnet. Mehr und mehr wandeln sich auch die klassischen NORDSEE Fischspezialgeschäfte zu Fischrestaurants. 1999 wird der erste

NORDSEE Snack Shop eröffnet, der vornehmlich in Innenstädten den Kunden Baguettes, Snack Boxen, Salate und Erfrischungsgetränke für den schnellen Genuss anbietet. Im Jahr 2001 kann man in über 350 NORDSEE Restaurants essen.

Fischbaguettes zum Mitnehmen: Das Snackfenster

Heute gibt es drei NORDSEE-Konzepte: Das NORDSEE Meeresbuffet, das NORDSEE Restaurant und seit 1999 den oben beschriebenen NORDSEE Snack Shop. Das Meeresbuffet ist ein besonders exklusives Angebot, das Restaurant die klassische Kombination aus Restaurant und Snackfenster zum Mitnehmen, während der Snack Shop nur ein Snackfenster hat. Eine Informationsbroschüre über den Nährwertgehalt aller NORDSEE Spezialitäten, Gerichte und Snacks gibt es noch nicht. Dafür gibt es jedoch mehr und mehr Informationen zu den einzelnen Produkten auf der Internetseite www.nordsee.com unter der Rubrik Produkte. Für einzelne Gerichte sind dort bereits Nährwertgehalte abzurufen. Besonders komplett sind die Nährwerte für Fischbaguettes im Internet verfügbar. Allerdings bezieht sich der Fettgehalt hier nicht auf ein Baguette sondern auf 100 Gramm.

NORDSEE - Garnelen-Baguette - Microsoft Internet Explorer

Garnelen-Baguette

NÄHRWERTE je 100g :

Brennwerte:	1439 kJ 344 kcal
Eiweiß:	17,2g
Kohlenhydrate:	29,7g
Fett:	17,3g

GETRÄNKEEMPFEHLUNG:

Weißwein, Prosecco

PRODUKTINFORMATION:

Knackige marinierte Black-Tiger-Garnelen in Seawaterqualität, die in Thailand unter strengen Kontrollen gezüchtet werden, kombiniert mit einer edlen Cocktailsauce mit grünen Pfefferkörnern sowie frischer Gurke und einem Ei.

Die Nährwerte der Fischbaguettes sind im Internet zu finden

Vergleicht man die Fettangaben in der Tabelle, dann liegen Bismarck- und Räucherlachs-Baguette am besten. Ein Baguette dieser Sorten hat etwa 10 Gramm Fett pro 100 Gramm. Eine andere Gruppe von Gerichten, für die es im Internet Nährwertinfos gibt, sind die Feinkostsalate. Ein Blick in die Tabelle lohnt sich, denn durch richtige Auswahl kann man hier sehr viel Fett einsparen. Unangefochten die fettärmste Wahl ist der Asiasalat (4 g Fett/100 g), gefolgt vom Cocktail Marseille (11 g Fett/100 g). Andere Salate liegen mit Fettgehalten bis 24% deutlich darüber.

Bei der Auswahl von Menüs, die im Internet (noch) nicht mit einer Fettangabe versehen sind, helfen drei grundsätzliche Tipps:

1. Vorsicht bei Majosaucen/hellen Saucen – diese sind meist fettreich. Wählen Sie rote oder Asiasaucen.
2. Geben Sie gegrillten, gekochten und gedünsteten Fischgerichten den Vorzug vor panierten und frittierten Varianten.
3. Wählen Sie Salzkartoffeln oder Reis statt Bratkartoffeln oder Pommes frites als Beilage.

NORDSEE - Asiasalat mit Garnelen - Microsoft Internet Explorer

Asiasalat mit Garnelen

NÄHRWERTE je 100g :

Brennwerte:	432 kJ	102 kcal
Eiweiß:	8,0g	
Kohlenhydrate:	7,8g	
Fett:	4,3g	

ZUBEREITUNGSARTEN:

gekühlt oder warm servieren

BEILAGENEMPFEHLUNG:

Thailändischer Duftreis

GETRÄNKEEMPFEHLUNG:

Pflaumenwein, Jasmintee

PRODUKTINFORMATION:

Black-Tiger-Garnelen, Mungobohnenkeimlinge, Bambussprossen, Muerr-Pilze, Karottenstreifen und Zuckererbsenschoten in einem typisch süß-sauren Dressing machen diesen Salat zu einer exotischen Delikatesse.

Der fettärmste Salat: Asiasalat mit Garnelen

Zu den fettreicheren Gerichten dürften einige der Snack-Boxen gehören. Im Bildbeispiel ist das Mengenverhältnis des fettreichen frittierten Teigmantels zum fettarmen Garnelenfleisch ungünstig. Kommt dazu noch jede Menge Majosauce, kann auch ein vermeintlich leichter Snack große Mengen Fett enthalten. Versuchen Sie hier zumindest, die frittierten Garnelen mit Asiasauce statt mit Remoulade zu erhalten.

Cocktail Marseille: Edel-Fastfood für fettbewusste Gourmets

Wenig Garnele, viel fettreiche Panade und Majosauce: Ein fettreicher Snack.

Das komplette Angebot am Snackfenster

Fett-Tabelle Nordsee

Lebensmittel (Portionsgröße nicht bekannt)	Fettgehalt (g/100 g)
Feinkostsalate	
Dillhappen	24,0
Asiasalat mit Garnelen	4,3
Bunter Matjessalat	16,7
Roter Heringssalat	20,0
Speckenbüttler Heringstopf	20,8
Cocktail Marseille	11,3
Snacks für zwischendurch	
Garnelen-Baguette	17,3
Backfisch-Baguette	31,7
Bismarck-Baguette	9,8
Matjes-Baguette	16,6
Räucherlachs-Baguette	10,1
Seelachs-Ei-Baguette	14,2
Wikinger	38,2
Bremer	18,7

Quelle: www.nordsee.com

Kamps

Mit über 2.200 Filialen ist die Firma Kamps der größte europäische Backbetrieb. Von den Kamps-Backshops wird eine ofenfrische Palette von Brot- und Backwaren angeboten. Die Verkaufsstellen werden mehrmals täglich beliefert und können so stets frische Ware anbieten. Bei Kamps lässt sich ein Kamps-Eck Brot zum Abendessen einkaufen, genau wie eine Puddingbrezel als schnelle Mahlzeit für zwischendurch. Sehr hilfreich sind die Nährwertinformationen, die für viele Produkte auf www.kamps.de im Internet zu recherchieren sind.

Die Nährwertangaben für einige Produkte sind im Internet zu finden

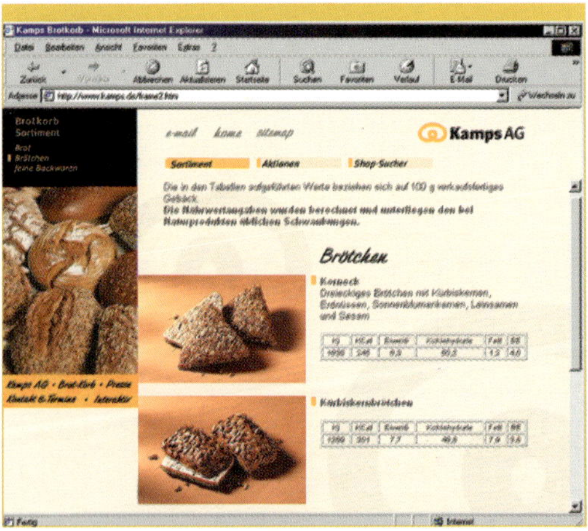

Für die Praxis etwas unglücklich ist jedoch die Angabe des Fettgehalts pro 100 Gramm verkaufsfertiges Gebäck. Da viele Gebäcke üblicherweise stückweise verzehrt werden, wäre eine Nährwertinformation pro Stück/Portion hilfreicher. Um mit den Prozentangaben auf den Fettgehalt pro Stück zu kommen, müsste man die Gebäcke zuhause zunächst wiegen, damit später aus Gewicht und Fettgehalt pro 100 Gramm der Fettgehalt pro Stück via Dreisatz errechnet werden kann.
Die meisten Brot- und Brötchen-Sorten sind fettarme Lebensmittel (siehe auch das Kapitel *Brot, Backwaren und Kuchen* im Buch *Fettfalle Supermarkt*).

Laugenbrezeln sind ohne Butter eine fettarme Mahlzeit

Gerade Laugenbrezeln eignen sich hervorragend als fettarme Zwischenmahlzeit, wenn sie nicht mit Butter bestrichen werden. Wer das Salz nicht mag, kann es vorher mit den Fingern abknuspern. Andere fettarme Brötchen sind Kornecken, Mehrkornbrötchen und Roggenbrötchen. Ein Kürbiskernbrötchen enthält durch die Ölsamen zwar mehr Fett, liegt aber mit insgesamt 8 Gramm Fett für eine kleine Mahlzeit noch gut.

Kürbiskern-brötchen: 8 g Fett/100 g

Finden Sie die fettarmen Kuchen-alternativen

Beim Kuchenangebot kann man die Fettfallen perfekt umkurven, wenn man sich an Amerikaner, Puddingbrezeln und Rosinenschnecken hält. Diese enthalten unter 10 Gramm Fett – ein Amerikaner sogar nur 3 Gramm pro 100 Gramm..

Puddingbrezel: 9 g Fett/100 g

Der Amerikaner ist mit 3 g Fett je 100 g eine sehr fettarme Wahl

Rosinen-schnecken sind mit knapp 10 g Fett/100 g noch eine gute Wahl

Fett-Tabelle Kamps

Lebensmittel (Portionsgröße nicht bekannt)	**Fettgehalt** (g/100 g)
Brote	
Kamps-Eck	9,2
Kürbiskernbrot	9,3
Reines Roggen	0,6
Rübli	5,3
Baguette	1,0
Brötchen	
Korneck	1,2
Kürbiskernbrötchen	7,9
Mehrkornbrötchen	6,7
Roggenbrötchen	1,2
Feine Backwaren	
Amerikaner	2,9
Berliner	17,3
Mohnschnecke	18,3
Nussbrille	18,5
Puddingbrezel	9,2
Rosinenschnecke	9,6
Streuseltaler	7,1
Schoko-Wuppi	14,2
Butter-Croissant	Keine Angabe
Schoko-Butter-Croissant	Keine Angabe
Quelle: www.kamps.de	

Ditsch

Die Brezelbäckereien und Pizzettas von Ditsch sind aus deutschen Innenstädten und Bahnhöfen nicht mehr wegzudenken. Bevorzugt an diesen Standorten gibt es derzeit über 160 Ditsch-Filialen. Angefangen hat die Tradition des Brezelbackens im Jahr 1919. Der Bäckermeister Wilhelm Ditsch hatte sich zum Ziel gesetzt, die besten Brezeln in ganz Mainz zu backen. Der große Erfolg in Mainz und im Umland führte zur Spezialisierung auf Laugengebäck und zu einer raschen Expansion. Peter Ditsch, Unternehmensleiter in der dritten Generation, erkannte den Trend zum Außerhaus-Verzehr und zum schnellen Essen. Nach überliefertem Rezept werden die Brezeln und andere Laugenspezialitäten heute als Teiglinge produziert und tiefgefrostet. Die einzelnen Ditsch-Verkaufsstellen in den Großstädten bereiten die Teiglinge fertig zu und backen vor den Augen der Kunden ofenfrisches Laugengebäck. Der verströmende Duft der heißen Backwaren gehört zum Ditsch-Konzept „Marketing by Duft“.

Das Markenzeichen: Ofenfrische (und fettarme!) Brezeln

Derzeit gibt es zwei verschiedene Ditsch-Filialketten, die Brezelbäckerei-Filialen und die Pizzetta-Filialen. In den Brezel-Filialen kann der Kunde vorwiegend zwischen frischem Laugengebäck, Elsässer Rahmkuchen, Schlemmerzungen, Käsestangen mit Zwiebeln, Schinken oder Tomate-Mozzarella sowie Croissant-Spezialitäten wählen. Dagegen bieten die Pizzettas ausschliesslich Pizzas mit verschiedenen Belägen an. Aus 8 Variationen kann gewählt werden.
Ganz fortschrittlich ist Ditsch bei Nährwertinformationen. Diese sind im Internet unter www.ditsch.de für praktisch alle Produkte aus den Brezelbäckerei- und Pizzetta-Filialen als Fettgehalt pro Stück/Portion abzurufen.

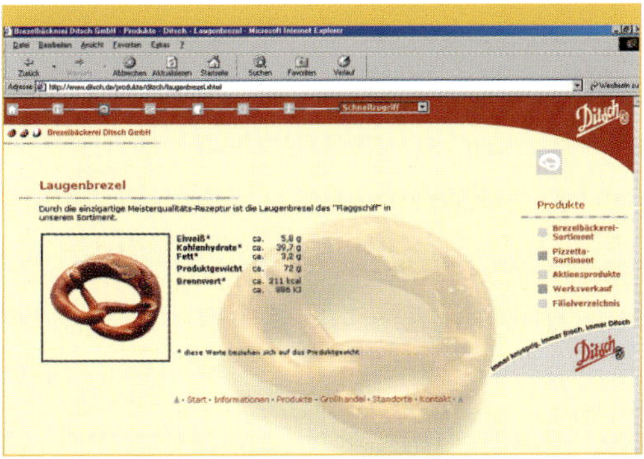

Nährwerte für die Produkte gibt es im Internet

Wer einen fettarmen Snack bei der Brezelbäckerei sucht, ist mit den Klassikern Laugenbrezel, Laugenbrötchen und Laugenstange auch hier gut beraten. Aber selbst der Fettgehalt einer Tomaten-Mozzarella-Stange hält sich mit 10 Gramm in Grenzen. Nur wenig darüber liegen Gourmettasche und Rahmkuchen Elsässer Art.

Tomaten-Mozzarella-Stange: 10 Gramm Fett

Die 8 verschiedenen Pizzetta-Varianten liegen vom Fettgehalt her recht nah beieinander. Die fettärmste Wahl sind Pizza Margherita und Pizza Mozzarella mit 15 Gramm Fettgehalt sowie Pizza Napoli mit 16 Gramm. Am oberen Ende finden sich Pizza Salami (24 g) und Pizza Thunfisch (27 g).

Pizza Mozzarella und Margherita sind die fettärmste Wahl

Fett-Tabelle Ditsch

Lebensmittel (Gewicht pro Portion)	**Fettgehalt** (g/Portion)
Brezelbäckerei	
Laugenbrezel (72 g)	3,2
Laugenbrötchen (72 g)	3,5
Laugenstange (72 g)	3,5
Knusperstange (77 g)	15,8
Laugencroissant (51 g)	11,7
Schinken-Käse-Croissant (77 g)	24,9
Gourmettasche (110 g)	11,1
Schlemmerzunge (128 g)	14,5
Tomaten-Mozzarella-Stange (143 g)	10,3
Schinken-Käse-Stange (153 g)	17,6
Zwiebel-Käse-Stange (160 g)	13,6
Rahmkuchen Elsässer Art (125 g)	10,9
Pizza Classico (185 g)	22,0
Pizzetta	
Pizza Margherita (143 g)	15,4
Pizza Classico (185 g)	22,0
Pizza Napoli (193 g)	16,0
Pizza Hawaii (194 g)	18,4
Pizza Salami (165 g)	23,6
Pizza Mozzarella (175 g)	15,1
Pizza Funghi (196 g)	18,4
Pizza Thunfisch (219 g)	26,5

Quelle: www.ditsch.de

Gyros & Döner

Was ist ein Döner Kebab und was steckt an Nährstoffen drin? Dieser Frage ging im Jahr 1999 die österreichische Verbraucherzeitschrift *Konsument* (1/99) nach. Was ist ein Döner Kebab: An einem senkrechten Drehspieß gegrilltes Fleisch, das in dünnen Scheiben zusammen mir Zwiebeln, Tomaten, Salatblättern und Soße in einem aufgeschnittenen und im Ofen erhitzten Stück Fladenbrot serviert wird. Soweit sind sich Döner Kebabs alle ähnlich. Anders sieht es bei den Nährwertgehalten aus. Der österreichische Verein für Konsumenteninformation hat Döner Kebab von 30 Imbissen in Wien auf die wichtigsten Nährwerte untersuchen lassen.

Eine Überraschung waren die sehr unterschiedlichen Portionsgrößen der türkischen Sandwiches: Das leichteste wog 175, das schwerste satte 617 Gramm. Der Fleischanteil lag zwischen 30 und 51 Prozent. So unterschiedlich wie die Portionsgrößen war auch der Fettgehalt. Die Fladenbrottaschen lagen zwischen 16 und 72 Gramm Fett. Während ein Döner mit 16 Gramm Fett noch eine recht fettarme Fastfood-Mahlzeit ist, so liefert die fettreichste Variante bereits das ganze Fett des Tages in einem Döner. Entsprechend schwierig sind allgemeine Empfehlungen. In *Kalorien mundgerecht* ist ein Fettgehalt von 35 Gramm Fett angegeben, der eine gute Orientierung für den Durchschnitt liefert.

Gyros und Döner werden auf einem Drehspieß gegrillt

Ein paar gute Tipps gibt es aber auf jeden Fall: Jeder Döner Kebab wird bei Bestellung frisch für Sie zubereitet. Hier können Sie individuelle Wünsche äußern. Lassen Sie sich Ihren Döner mit besonders viel Gemüse füllen und fragen Sie nach einer kleinen Fleischportion. Tipp 2: Die weiße Dönersauce enthält oft Majonäse und damit viel Fett. Einige wenige Döner-Imbisse bieten echten Zaziki-Quark ohne Majo als Sauce an. Wählen Sie entweder wenig Sauce oder den fettärmeren Zaziki-Quark. Tipp 3: Hähnchen- oder Puten-Döner sind wahrscheinlich fettärmer als normale Döner Kebabs.

Ein Döner Kebab – Fettgehalt von 16 bis 72 Gramm !

Wer an griechisches Essen denkt, denkt an Gyros! Gyros ist zum weltweiten Symbol griechischer Küche geworden. Dabei ist Griechenland nur das wahrscheinliche Ursprungsland des Gyros. Klassisches Gyros ist auf einem Spieß gegrilltes Lammfleisch, das vorher in einer Gewürzmarinade eingelegt wurde. Zu den Gewürzzutaten der Marinade zählen gewöhnlich Pfeffer, Oregano, Kreuzkümmel und Zwiebeln. Gyros bekommt man mit vielen verschiedenen Beilagen: Reis, Pommes frites, gebackene Kartoffeln und Pitabrot. Nur noch selten wird Lammfleisch verwendet. Zunehmend

Durch üppigen Einsatz von Öl schnellt der Fettgehalt in die Höhe

kommt Schweineschulter zum Einsatz. Der Fettgehalt des kompletten Menüs summiert sich aus Gyrosfleisch und Beilage. Er hängt erheblich vom verwendeten Fleisch und vom Öleinsatz bei der Zubereitung ab. Daher ist es auch bei Gyros schwer, verbindliche Werte für den Fettgehalt anzugeben.

Dennoch gibt es Möglichkeiten, Fett zu sparen. Wer als Beilage Reis und Tomatensauce ordert, wird gegenüber Pommes frites Fett einsparen. Ein weiterer Tipp: Sortieren Sie auf Ihrem Teller die fetteren Fleischstücke beiseite und essen Sie nur das gegrillte Muskelfleisch.

Pommes frites liefern zusätzliches Fett zum ohnehin nicht fettarmen Gyros

Wählen Sie Reis als fettarme Beilage zum Gyros

Pizza Hut

Pizza Hut ist mit über 12.000 Restaurants in mehr als 88 Ländern die größte Pizza-restaurant-Kette weltweit. Täglich werden mehr als 1,7 Millionen Pizzas rund um den Globus serviert. Auch in Deutschland ist Pizza Hut (zu deutsch Pizza-Hütte) mit rund 100 Filialen in diesem Segment Marktführer. Die Tradition des Unternehmens reicht über 40 Jahre zurück. 1958 wurde im Städtchen Wichita im US-Bundesstaat Kansas das erste Pizza Hut-Outlet eröffnet. Mit Kentucky Fried Chicken und Taco Bell gehört Pizza Hut heute zur weltgrößten Schnellrestaurant-Kette Tricon.

Viele Pizza Huts haben ein Straßenfenster für die schnelle Pizza zwischendurch

Die Pizzas können im Restaurant verzehrt, am Straßenfenster für unterwegs gekauft oder nach Hause geliefert werden. Das Angebot auf der Speisekarte in den Restaurants ist allerdings deutlich umfangreicher, als das im Straßenverkauf. Für die Bestellung bei Pizza Hut muss man zunächst die Art des Bodens für die Pizza wählen. Das Angebot umfasst mindestens 3 Varianten: *Pan Pizza, Cheezy Crust* und *The Italian*. Schritt zwei ist die Wahl des Belags. Auch hier gibt es eine Standardauswahl, zu der Margherita, Basic, Classic, verschiedene Lover's-Varianten und verschiedene Supreme-Varianten zählen. Zusätzlich kann man den Belag auch ganz nach Belieben aus vielen verschiedenen Toppings selbst zusammenstellen.

Auf www.pizzahut.com gibt es detaillierte Nährwertinfos

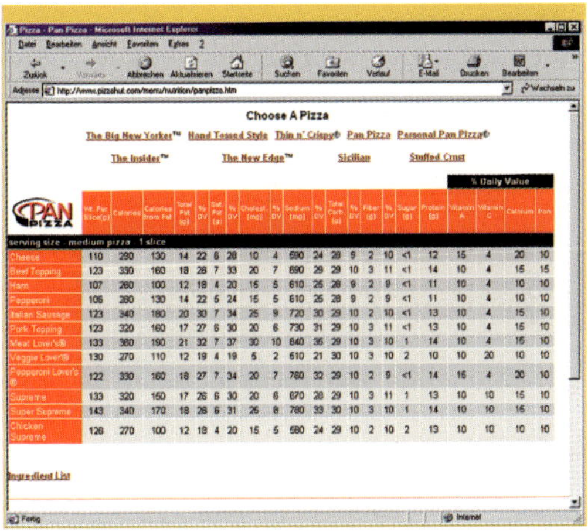

Choose A Pizza

The Big New Yorker™ Hand Tossed Style Thin n' Crispy® Pan Pizza Personal Pan Pizza®

The Insider™ The New Edge™ Sicilian Stuffed Crust

PAN PIZZA

serving size - medium pizza - 1 slice	Wt. Per Slice(g)	Calories	Calories from Fat	Total Fat (g)	% DV	Sat. Fat (g)	% DV	Cholest. (mg)	% DV	Sodium (mg)	% DV	Total Carb. (g)	% DV	Fiber (g)	% DV	Sugar (g)	Protein (g)	% Daily Value: Vitamin A	Vitamin C	Calcium	Iron
Cheese	110	290	130	14	22	6	28	10	4	590	24	28	9	2	10	<1	12	15	4	20	10
Beef Topping	123	330	160	18	28	7	33	20	7	690	29	29	10	3	11	<1	14	10	4	15	15
Ham	107	260	100	12	18	4	20	15	5	610	25	28	9	2	9	<1	11	10	4	10	10
Pepperoni	106	280	130	14	22	6	24	15	5	610	25	28	9	2	9	<1	11	10	4	10	10
Italian Sausage	123	340	180	20	30	7	34	25	9	720	30	29	10	2	10	<1	13	10	4	15	10
Pork Topping	123	320	160	17	27	6	30	20	6	730	31	29	10	3	11	<1	13	10	4	15	10
Meat Lover's®	133	360	190	21	32	7	37	30	10	840	35	29	10	3	10	1	14	10	4	15	10
Veggie Lover's®	130	270	110	12	19	4	19	5	2	610	21	30	10	3	10	2	10	10	20	10	10
Pepperoni Lover's®	122	330	160	18	27	7	34	20	7	760	32	29	10	2	9	<1	14	15	4	20	10
Supreme	133	320	150	17	26	6	30	20	6	670	28	29	10	3	11	1	13	10	10	15	10
Super Supreme	143	340	170	18	28	6	31	25	8	780	33	30	10	3	10	1	14	10	10	15	10
Chicken Supreme	128	270	100	12	18	4	20	15	5	580	24	29	10	2	10	2	13	10	10	10	10

Ingredient List

Für eine fettarme Wahl im Restaurant, am Straßenfenster und beim Lieferservice ist man auf Nährwertinfos angewiesen. Im Moment gibt es weder eine gedruckte Nährwertinformation in den deutschen Filialen, noch Nährwertinformationen zum Download auf der deutschen Website www.pizzahut.de. Äußerst umfangreich ist die Nährwertdatenbank auf der amerikanischen Internetseite www.pizzahut.com.

Der Vergleich der Fettangaben auf der amerikanischen Internetseite mit dem deutschen Angebot bei Pizza Hut ist aber schwierig. Schwierigkeit eins ist die unterschiedliche Bezeichnung der Bodenarten in Amerika und hierzulande: Nur die *Pan Pizza* heißt überall gleich, eine *Cheezy Crust* heißt auf der US-Karte *Stuffed Crust*, die deutsche Variante *The Italian* nennt sich in Übersee *The Sicilian* und für die US-Sorten *Thin'n Crispy, Hand Tossed, The Big New Yorker, Twisted Crust, The Insider* und *Personal Pan* gibt es noch keine Pendants auf der deutschen Karte.

Schwierigkeit zwei ist die Portionsgröße. Ein oberflächlicher Blick auf die Fettgehalte auf www.pizzahut.com überrascht positiv, denn sie scheinen weniger hoch als befürchtet: Für die drei Bodenversionen, die es auch bei uns gibt, liegen sie zwischen 10 und 29 Gramm. Ein eingehenderer Blick offenbart jedoch, dass sich diese

Die Fettgehalte der Pizzas gelten pro Stück – eine mittlere Pizza besteht aus 6 Stücken

Angaben auf ein Stück Pizza beziehen (serving size – medium pizza – 1 slice) und nicht auf eine ganze Pizza! Die Pizzen werden je nach Größe in 4-8 (meist 6) Stücke geschnitten. Der Fettgehalt gilt demnach nur für ein sechstel der Pizza. Wer die ganze Pizza allein verspeisen möchte, kommt auf 60 bis 174 Gramm Fett!

So ist der erste Fettspartipp ganz eindeutig: Laden Sie gute Freunde ein und teilen Sie sich eine Pizza. Am zweitwichtigsten ist die Auswahl des Bodens: *The Italian* liegt fettmäßig am besten, gefolgt von *Pan Pizza* und *Cheezy Crust*. Natürlich schlägt sich der extra Käse im Rand einer *Cheezy Crust* auch im Fettgehalt nieder. Dieser liegt bei gleichem Belag beinahe doppelt so hoch wie bei einem *The Italian*-Boden.

Die Pan Pizza liegt im Fettgehalt zwischen *The Italian* und *Cheezy Crust*

Fettspartipp drei: Natürlich zählt auch der Belag. Hier haben die Varianten Schinken (Ham), Veggie, Hawaii und Chicken Supreme den niedrigsten Fettgehalt. Es gibt aber noch einen vierten Fettspartipp: Nutzen Sie das Angebot *Grenzenlose Vielfalt* und lassen

Sie sich Ihre Pizza nach eigenen Wünschen zusammenstellen. Als Bodenvariante wählen Sie *The Italian* und als Toppings sind Ananas, Brokkoli, Champignons, Paprika, Mais, Hähnchenfleisch, Peperoni, Tomatenscheiben, Vorderschinken und Zwiebeln fettarme Zutaten. Die Einordnung von Thunfisch als Topping ist nicht ganz einfach. Der Fisch selbst ist zwar sehr fettarm, wird aber häufig in Öl eingelegt verwendet und enthält dann eine nicht unerhebliche Menge Fett.

Fettspartipp 4: Lassen Sie sich Ihre eigene Pizza fettarm zusammenstellen.

Fünfter und letzter Fettspartipp: In den deutschen Pizza Huts gibt unter dem Namen Power Bar fettarme Salatkreationen. Dazu können Sie zwischen vier – wahrscheinlich nicht ganz fettarmen –

Eine *The Italian Veggie* gehört zu den fettärmeren Pizzen

Dressings wählen. Lassen Sie sich das Dressing unbedingt separat in einem kleinen Kännchen servieren. So können Sie auch hier selbst entscheiden, welche Menge Dressing über den Salat gehört. Wenn es eine Salatbar gibt, ist die Wahl von Art und Menge des Dressings noch einfacher.

Mit diesen fünf Fettspartipps liegen Sie auch bei anderen Pizzerien und Pizza-Lieferdiensten richtig, selbst wenn es dort keine derart große Auswahl an Bodenvarianten gibt. Tolle Tipps für die Auswahl einer fettarmen Tiefkühlpizza finden Sie übrigens im letzten Kapitel *Tiefkühlkost*.

Wer in Amerika unterwegs ist, kann mit den Nährwertinformationen in der anschließenden Fett-Tabelle klug wählen. Ein besonderer Tipp für den Gast bei Pizza Hut in den USA ist die Auswahl der Bodenvariante *Thin'n Crispy*, diese liegt im Fettgehalt noch einiges unter *The Sicilian/The Italian*. Wenn es diese besonders dünne und knusprige Variante auch bei uns geben sollte, würde sie auch hier zur fettärmsten Wahl.

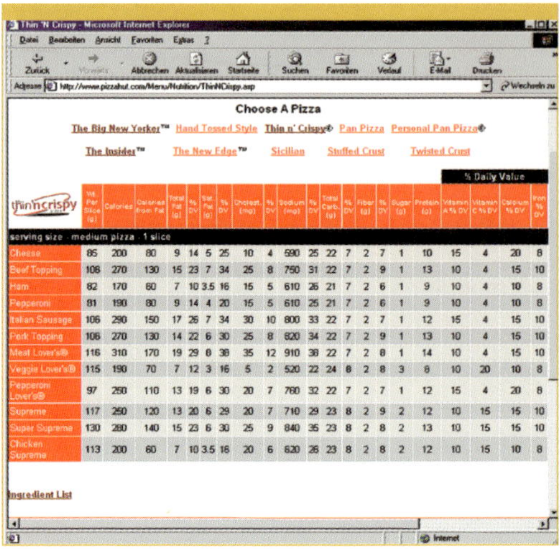

Choose A Pizza

The Big New Yorker™ Hand Tossed Style Thin n' Crispy® Pan Pizza Personal Pan Pizza®

The Insider™ The New Edge™ Sicilian Stuffed Crust Twisted Crust

% Daily Value

thin'n crispy	Wt. Per Slice (g)	Calories	Calories from Fat	Total Fat (g)	% DV	Sat. Fat (g)	% DV	Cholest. (mg)	% DV	Sodium (mg)	% DV	Total Carb. (g)	% DV	Fiber (g)	% DV	Sugar (g)	Protein (g)	Vitamin A % DV	Vitamin C % DV	Calcium % DV	Iron % DV
serving size · medium pizza · 1 slice																					
Cheese	85	200	80	9	14	5	25	10	4	590	25	22	7	2	7	1	10	15	4	20	8
Beef Topping	106	270	130	15	23	7	34	25	8	750	31	22	7	2	9	1	13	10	4	15	10
Ham	82	170	60	7	10	3.5	16	15	5	610	26	21	7	2	6	1	9	10	4	10	8
Pepperoni	81	190	80	9	14	4	20	15	5	610	25	21	7	2	6	1	9	10	4	10	8
Italian Sausage	106	290	150	17	26	7	34	30	10	800	33	22	7	2	7	1	12	15	4	15	10
Pork Topping	106	270	130	14	22	6	30	25	8	820	34	22	7	2	9	1	13	10	4	15	10
Meat Lover's®	116	310	170	19	29	8	38	35	12	910	38	22	7	2	8	1	14	10	4	15	10
Veggie Lover's®	115	190	70	7	12	3	16	5	2	520	22	24	8	2	8	3	8	10	20	10	8
Pepperoni Lover's®	97	250	110	13	19	6	30	20	7	760	32	22	7	2	7	1	12	15	4	20	8
Supreme	117	250	120	13	20	6	29	20	7	710	29	23	8	2	9	2	12	10	15	15	10
Super Supreme	130	280	140	15	23	6	30	25	9	840	35	23	8	2	8	2	13	10	15	15	10
Chicken Supreme	113	200	60	7	10	3.5	16	20	6	620	26	23	8	2	8	2	12	10	15	10	8

Ingredient List

Die fettärmste amerikanische Bodenvariante: *Thin'n Crispy*

Für die neue *Twisted Crust* gibt es noch keine Nähwertinfos

Fett-Tabelle Pizza Hut

Lebensmittel (Gewicht pro Stück, 6 Stück = 1 ganze Pizza)	**Fettgehalt** (g/Stück)
Sicilian PIZZA	
Cheese (115 g)	13
Beef Topping (111 g)	11
Ham (108 g)	10
Pepperoni (110 g)	13
Italien Sausage (124 g)	18
Pork Topping (125 g)	16
Meat Lover`s (133 g)	19
Veggie Lover`s (132 g)	11
Pepperoni Lover`s (125 g)	16
Supreme (134 g)	15
Super Supreme (142 g)	18
Chicken Supreme (130 g)	11
Pan PIZZA	
Cheese (110 g)	14
Beef Topping (123 g)	18
Ham (107 g)	12
Pepperoni (106 g)	14
Italien Sausage (123 g)	20
Pork Topping (123 g)	17
Meat Lover`s (133 g)	21
Veggie Lover`s (130 g)	12
Pepperoni Lover`s (122 g)	18
Supreme (133 g)	17
Super Supreme (143 g)	18
Chicken Supreme (128 g)	12
Stuffed Crust PIZZA	
Cheese (162 g)	19
Beef Topping (172 g)	22
Ham (162 g)	22
Pepperoni (164 g)	19
Italien Sausage (172 g)	23
Pork Topping (172 g)	21
Meat Lover`s (196 g)	29
Veggie Lover`s (192 g)	17

Lebensmittel (Gewicht pro Portion)	**Fettgehalt** (g/Portion)
Pepperoni Lovers`s (192 g)	26
Supreme (196 g)	23
Super Supreme (198 g)	25
Chicken Supreme (188 g)	17
The Big New Yorker PIZZA	
Cheese (174 g)	17
Pepperoni (167 g)	16
Ham (168 g)	13
Beef Topping (206 g)	26
Pork Topping (¿)	25
Sausage (228 g)	33
Supreme (224 g)	23
Veggie Lover`s Pizza (341 g)	22
Hand Tossed Style PIZZA	
Cheese (106 g)	10
Beef Topping (134 g)	17
Ham (118 g)	10
Pepperoni (116 g)	13
Italien Sausage (134 g)	18
Pork Topping (134 g)	16
Meat Lover`s (129 g)	17
Veggie Lover`s (126 g)	8
Pepperoni Lover`s (106 g)	11
Supreme (129 g)	12
Super Supreme (139 g)	14
Chicken Supreme (124 g)	7
Thin n`Crispy PIZZA	
Cheese (85 g)	9
Beef Topping (106 g)	15
Ham (82 g)	7
Pepperoni (81 g)	9
Italien Sausage (106 g)	17
Pork Topping (106 g)	14
Meat Lover`s (116 g)	19
Veggie Lover`s (115 g)	7

Lebensmittel (Gewicht pro Portion)	**Fettgehalt** (g/Portion)
Pepperoni Lovers`s (97 g)	13
Supreme (117 g)	13
Super Supreme (130 g)	15
Chicken Supreme (113 g)	7
Personal Pan PIZZA	
Cheese (263 g)	28
Pepperoni (257 g)	28
Ham (260 g)	23
Beef Topping (291 g)	35
Pork Topping (291 g)	34
Italien Sausage (291 g)	39
The Edge PIZZA (kleine Portionen!)	
The Works (63 g)	6
Veggie Lover`s (54 g)	3
Meat Lover`s (58 g)	11
Chicken Supreme (70 g)	3,5
APPETIZERS (pro Portion)	
Mild Buffalo Wings 5 Stück (84 g)	12
Hot Buffalo Wings 4 Stück (87 g)	12
Garlic Bread (37 g)	8
Bread Stick (38 g)	4
Bread Stick Dipping Sauce (34 g)	0,5
Pastas (pro Portion)	
Spaghetti w/Marinara (473 g)	6
Spaghetti w/Meat Sauce (467 g)	13
Spaghetti w/Meatballs (537 g)	24
Cavatini Pasta (357 g)	14
Cavatini Supreme Pasta (396 g)	19
Sandwiches (pro Portion)	
Ham & Cheese Sandwich (276 g)	21
Supreme Sandwiche (292 g)	28
Desserts (1 Stück)	
Apple Dessert Pizza (81 g)	4,5
Cherry Dessert Pizza (81 g)	4,5
Quelle: www.pizzahut.com	

Kochlöffel

Auf der Kochlöffel-Internetseite www.kochloeffel.de erfährt der Besucher: „Als 1961 in Wilhelmshaven das erste Kochlöffel-Restaurant öffnete, war Deutschland eine Fastfood Wüste." In einer Zeit, da in Deutschland mit Braten, Haxe mit Sauerkrat und saftigem Gulasch noch deftige Hausmannskost angesagt war, gründete Martha van den Berg im Jahr 1961 zusammen mit ihrem Mann das Unternehmen Kochlöffel und betrieb das erste Restaurant selbst. Der Zeit entsprechend ähnelte der erste Kochlöffel auch mehr einer normalen Gaststätte, als einem heutigen Fastfood-Lokal. Wesentliches Element der Kochlöffel-Philosophie war und ist die Transparenz bei der Produktzubereitung. Bei Kochlöffel kann der Kunde „in den Topf" schauen, heute wie schon vor 40 Jahren. 1968 gehörten schon 24 Filialen zum Unternehmen, Mitte der 80er Jahre summierte sich die Zahl der Filialen auf über 100 und heute liegt sie bei 110.

Das Sortiment hat sich mit den Wünschen der Kunden erheblich verändert. Längst gibt es auch Burger und Co. Die rein deutsche

Küche ist aus dem Angebot verschwunden, das heute durch Fastfood-Vielfalt bestimmt wird: Grillhähnchen, Bratwurst, Salate, Hähnchen-Krossies, Frühlingsrollen und Wraps. Der fettbewusste Kunde hat es jedoch nicht ganz leicht, eine entsprechende Auswahl zu treffen. Weder im Internet noch in den Filialen sind Nährwertinformationen über die Produkte zu bekommen. Eine Nachfrage beim Unternehmen ergab, dass aktuelle Nährwertinformationen „in Arbeit seien“. Bis dato helfen aber auch hier die allgemeinen Tipps weiter.

Ein Teil des Kochlöffel-Menüs

Zum Topangebot von Kochlöffel zählen die Star-Burger, die laut Website Favoriten bei der Kundschaft sind. Sie enthalten ein großes Fleischpatty, Gemüse, Käse und Majosauce – viele Ansatzpunkte zum Fettsparen also. Der bewährte Top-Tipp: Den Star-Burger ohne Majo mit extra Senf oder

Die Top-Five der Kochlöffel-Gäste

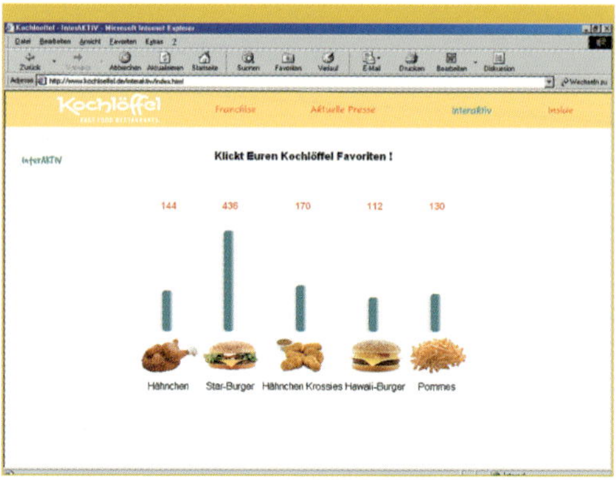

Ketchup zusammenbauen lassen. Auch bei Kochlöffel wird Ihnen gern ein individualisierter Burger zubereitet. Der Verzicht auf Käse spart noch einmal zusätzlich Fett ein – wenn gewünscht.

Ein großer Star-Burger: Sparen Sie durch individuelle Bestellung Fett

Ein Saucenaustausch funktioniert auch bei anderen Burgern mit Majosauce ganz vorzüglich. Wenn Sie nicht sicher sind, ob ein Burger/Sandwich mit Majonäse zubereitet wird, dann fragen Sie ruhig die Mitarbeiter, sie geben gern Auskunft.

Vom Fettgehalt her dürfte die Bratwurst eine weniger gute Wahl sein (siehe *Imbissbude*). Gleiches gilt für das Topp-Angebot von gleich drei (!) halben Hähnchen. Wer es jedoch bei einem halben Hahn belässt und nur einen Teil der fettreichen Haut isst, liegt fettmäßig gar nicht so schlecht – zumal dann, wenn als Beilage ein ofenfrisches Brötchen statt Pommes frites geordert wird. Eine andere Alternative vom Kochlöffel-Menü, deren Fettgehalt im Rahmen sein sollte, sind 6 Hähnchen-Krossies. Wählen Sie hierzu wie immer eine rote Sauce ohne Majonäse.

Salatfreaks können aus mehreren Salatangeboten auswählen. Die Salate selbst sind meist sehr fettarm, so dass dem Dressing eine entscheidende Bedeutung für den Gesamtfettgehalt zukommt. Fragen Sie nach Dressings ohne Öl oder versuchen Sie, mit der Hälfte des Dressingbechers auszukommen.

Wraps: Vom Fettgehalt im Rahmen

Neu im Programm sind Wraps, bunt gefüllte Teigrollen. Die „Rollen Deines Lebens" sind zwar innen dünn mit Schmand bestrichen, enthalten aber sonst viel Gemüse und eine Sauce ohne Majo. Damit dürfte der Fettgehalt im Rahmen sein.

Starbucks Coffee

Starbucks Coffee ist der Inbegriff einer Kaffeebar amerikanischer Prägung. Das Unternehmen wurde 1971 in Seattle gegründet und zählt heute mehr als 3.300 Lifestyle-Kaffeebars rund um den Globus. Bei Starbucks werden in stilvollem Ambiente und durch Jazzmusik untermalt Kaffeespezialitäten aller Art angeboten, vom House Blend Bohnenkaffee, über Espressos, Macchiatos, Cappuccinos, Caffé Latte und eine Vielzahl von Spezialitätenkaffees bis hin zum halbgefrorenen Eiskaffee-Shake. Unter dem Namen Tazo gibt es seit einiger Zeit auch Tees. Allerlei süßes Gebäck wie auch Sandwiches gehören zum Speisenangebot. Kaffees und Speisen lassen sich mitnehmen, können aber auch in gemütlichen Sesseln, an Bistrotischen und Theken im oder vor dem Starbucks-Restaurant verzehrt werden.

Verglichen mit deutschen Kaffees sind die meisten Starbucks-Kaffeesorten deutlich

Starbucks ist ein beliebter Treffpunkt

stärker geröstet und wesentlich dunkler. Ein House Blend, Espresso oder French Roast hat eine intensive Röstnote (lively & bold), ist dabei aber säurearm und schmeckt interessant anders als heimische Markenkaffees. Klassischerweise gibt es die Starbucks Kaffees in drei verschiedenen Portionsgrößen: tall, grande und venti. Der Inhalt selbst eines tall Kaffeebechers ist aber weit größer, als eine traditionelle Tasse Kaffee hierzulande. Die kleinste Größe tall enthält etwa 330 ml, grande 450 ml und venti gar 560 ml Kaffee.

Starbucks-Bohnen sind stark geröstet

Zum Fettgehalt: Kaffee und Tee schwarz sind fettfreie Getränke. Sie lassen sich in einem Starbucks-Restaurant nach eigenem Belieben mit Milch, Sahne, Zucker, Süßstoff, Vanille, Zimt u.a. Zutaten an einer eigenen Zutaten-Bar verfeinern. Hier entscheidet der Einsatz von Milch oder Sahne über den Fettgehalt des Kaffee- oder Teebechers. In einem amerikanischen oder kanadischen Starbucks gibt es folgende Auswahlmöglichkeiten (Fettgehalt in absteigender Reihenfolge): Cream, Half & Half, Milk, Low-Fat Milk, Fat-Free Milk. Wer viel Milch zum Verfeinern benutzt, fährt mit Milk (Milch) generell besser als mit fettreicher Cream (Sahne).

Venti Latte: Über ein halber Liter Milchkaffee mit etwa 10 g Fett

Einige Kaffeesorten gibt es bereits fertig mit Milch oder Milchschaum: Espresso Macchiato, Cappuccino und Caffé Latte. Bei Starbucks wird normalerweise Vollmilch (3,5% Fett) für die Zubereitung dieser Milchkaffee-Spezialitäten verwendet. Während dies beim Espresso Macchiato wegen des kleinen Milchhäubchens wenig relevant ist, so kann gerade bei den großen Bechern Cappuccino (Espresso mit viel Milchschaum und wenig heißer Milch) und besonders bei Caffé Latte (Espresso mit viel heißer Milch und wenig Milchschaum) eine gewisse Menge Fett zusammenkommen. Ein Venti Latte enthält etwa 300 ml heiße Milch mit etwas Schaum und damit rund 10 Gramm Fett. Auf Extrabestellung erhält man Cappuccino und Caffé Latte auch als low-fat oder fat-free Variante mit fettarmer oder magerer Milch zubereitet.

Muffins: Fragen Sie nach low-fat Sorten!

Zu den süßen Gebäcken, die Starbucks zu Kaffee und Tee offeriert, zählen Muffins, Scones, Cinnamon Rolls, süße Bagels, Fudge, Cookies u.a. Die Rezepturen und Portionsgrößen dieser Speisen sind von Starbucks zu Starbucks unterschiedlich und nicht standardisiert. Damit lässt sich kein konkreter Fettgehalt, z.B. für einen Blueberry Muffin angeben, der für alle bei Starbucks verkauften Blueberry Muffins gelten würde. Dennoch gibt es einige Anhaltspunkte: Fudge und Cookies sind meist eine fettreiche Wahl. Auch Muffins und Scones sind nicht arm an Fett. In fast allen Starbucks-Filialen gibt es jedoch low-fat Muffins und low-fat Scones als Alternativen. Auch die Sorten mit Früchten (Blueberry, Cranberry …) sind schon fettärmer als die Schoko- oder Nussvarianten. Im Zweifelsfall kann eine Frage an das meist sehr freundliche Personal schnell Klärung verschaffen: „Do you have any low-fat bisquits?“ Mit dieser Frage braucht sich niemand zu genieren, denn sie ist für viele der gesundheitsbewussten Starbucks-Kunden absolut alltäglich.

Scones: Frucht- und low-fat Sorten wählen

Zu den von vornherein fettärmeren Gebäcken zählen Cinnamon Rolls (Zimtrollen), weil diese aus Hefeteig mit Zimt/Zucker-Füllung gemacht sind. Wie so oft zählt aber auch die Portionsgröße erheblich mit, wenn es um den absoluten Fettgehalt geht. Ein kleiner fettreicher Cookie kann weniger Fett in Gramm enthalten, als eine fünfmal so schwere Cinnamon Roll.

Neben süssen Gebäcken kann man als Gast bei Starbucks auch deftige Sandwiches und

Cinnamon Rolls gehören zu den fettärmeren Gebäcken

Wraps bekommen. Nährwertangaben sind bei diesen lose verkauften Lebensmitteln meist nicht zu erfragen. So helfen nur einige Heuristiken bei der Auswahl: Schauen Sie in der Auslage, ob Sie erkennen können, welche und wie viel Sauce verwendet wurde. Statt Sandwiches oder Wraps mit fettreiche Mayosaucen lieber solche mit roten Ketchupsaucen oder Senf bevorzugen. Die Sorten mit Filetfleisch (Hähnchen, Truthahn, gekochter Schinken u.a.) sind eine fettärmere Wahl, als Sorten mit Fleischsalat, Thunfischsalat, Salami oder Käse.

Wraps: Die Saucen sind oft fettreich

Zusätzliche Tipps zur Auswahl bei Starbucks Coffee finden Sie auch im Kapitel *Kaffeebars*.

Kaffeebars

Nach dem überwältigenden Erfolg von Starbucks in den USA gibt es auch hierzulande immer mehr Kaffeebars nach amerikanischem Vorbild. Starbucks selbst betreibt bereits in der Schweiz und bald auch in Österreich Filialen, nicht jedoch in Deutschland. So gibt es zwischenzeitlich eigenständige kleinere Kaffeebar-Ketten in Deutschland: Balzac Coffee, Black Bean Coffee Company, Coffee Fellows, New York Cafe, San Francisco Coffee Company, World Coffee u.a. Die Ähnlichkeit der Konzepte dieser neuen Kaffeebars mit dem amerikanischen Vorbild ist teilweise frappierend.

Neben den Kaffeespezialitäten werden auch hier allerlei Gebäcke und Sandwiches nach amerikanischer Rezeptur angeboten. Für eine fettarme Auswahl gelten die Empfehlungen aus dem Kapitel *Starbucks Coffee* ebenso. Viele der neuen Kaffeebars haben auch kalte Kaffee-Shakes im Programm.

Ein Teil der Gebäck- und Sandwichauswahl bei Balzac Coffee in Hamburg

An der Zutaten-Bar kann der Kaffee verfeinert werden

Aus Espresso, Milch, Eis, Eiscreme, Sahne und aromatisierten Sirupen werden in einem Standmixer köstliche Shakes zubereitet. Die Portion ist meist sehr ordentlich: 400 – 500 ml. Wenn Eiscreme oder Sahne zu den Zutaten gehören, dann liefert ein solcher Shake durchaus 20 oder mehr Gramm Fett. Die Frage nach den Zutaten ist also sinnvoll. Bitten Sie die Bedienung, Ihren Shake ohne Sahne oder Eiscreme zuzubereiten, wenn Sie Fett sparen möchten.

Shakes können fettreich sein

Freunde italienischer Lebensart werden die Kaffeebars von Lavazza, Segafredo u.a. bevorzugen. Hier erhält man original italienischen Espresso, Macchiato oder Cappuccino. Anders als in den meisten Kaffeebars amerikanischen Stils bekommt man seinen Cappuccino und Co. in einer stilvollen Porzellantasse serviert. Die Portionsgrössen der italienischen Kaffeespezialitäten sind um einiges kleiner als die der amerikanischen Pendants. Dadurch hat ein italienischer Cappuccino nur einen geringen Fettgehalt von etwa 2-4 Gramm pro Tasse.

Italienische Kaffeebars servieren in einer schönen Porzellantasse

Kentucky Fried Chicken

Colonel Harland Sanders, geboren 1890, war ein Mann mit bewegter Geschichte. Er war Soldat auf Cuba, arbeitete als Feuerwehrmann für die Eisenbahn, studierte Jura und arbeitete als Rechtsanwalt, vermittelte Versicherungen, betrieb eine Dampf-Fähre auf dem Ohio, verkaufte Reifen und leitete Tankstellen. Im Alter von 40 Jahren begann er zu kochen, zunächst in einem fremden Restaurant. Später kaufte Sanders in Corbin im Bundesstaat Kentucky ein eigenes Restaurant mit 142 Plätzen. Dort perfektionierte er 9 Jahre lang seine Hähnchen-Kochkünste und wurde weithin bekannt. Für seine Verdienste um die Küche des Staates Kentucky erhielt er 1935 den Ehrentitel Kentucky Colonel. 1939 wurde Sanders Restaurant als erstes im Magazin „Adventures in Good Eating“ gelistet.

Fast 11.000 Kentucky Fried Cicken gibt es weltweit

In den fünfziger Jahren – Sanders war bereits im Rentenalter – begann die Erfolgsgeschichte des Kentucky Fried Chicken-Franchisegeschäfts. Colonel Sanders fuhr durch das Land und besuchte Hunderte von Restaurants. Dort kochte er mit den Chefs und Beschäftigten Unmengen von Hähnchengerichten nach eigenem Rezept. Wenn die Belegschaft vom Ergebnis angetan war, wurde per Handschlag die Zusammenarbeit mit Sanders Kentucky Fried Chicken-Kette vereinbart. Bis zum Jahr 1964 gelang es Sanders, mehr als 600 Restaurants in den USA und in Kanada in seine Kette aufzunehmen. Heute gehören die knapp 11.000 KFC zusammen mit Pizza Hut und Taco Bell zur weltgrößten Kette TRICON Global Restaurants mit knapp 30.000 Restaurants. In Deutschland gibt es annähernd 30 KFC-Filialen.

Hähnchengerichte sind auch heute noch die Spezialität bei Kentucky Fried Chicken. Weltweit werden von KFC pro Jahr etwa 900.000 Tonnen Hähnchengerichte serviert. Hähnchenfleisch verheißt ein fettarmes Essen, aber ein Blick auf die amerikanische

Verschiedene Hähnchenteilchen sind die KFC-Spezialität

Nährwertinformation relativiert dies rasch. Der Fettgehalt ist stark abhängig davon, welches Hähnchenteil verwendet und wie dies zubereitet wurde. Deutsche Nährwertinformationen sind bei Drucklegung noch nicht verfügbar gewesen, daher basiert die Tabelle mit den Fettgehalten am Ende des Kapitels auf den Daten der amerikanischen Internetseite www.kfc.com.

Drumsticks Original Recipe liegen fettmäßig am besten

Als Gast bei KFC hat man die Wahl zwischen vier verschiedenen Hähnchenteilen: Whole Wing (Flügel), Breast (Brust), Tigh

(Schenkel) und Drumstick (Oberbein). Alle vier Hähnchenteile gibt es noch einmal in drei verschiedenen Geschmacksvarianten: Orginal Recipe, Extra Crispy sowie Hot & Spicy. Vergleicht man den Fettgehalt der verschiedenen Hähnchenteile in der Tabelle, dann fällt neben den unterschiedlichen Fettanteilen auch die sehr unterschiedliche Portionsgröße ins Auge: Z. B. von 47 bis 153 Gramm beim Original Recipe. Die Portionsgrößen gelten pro Teilchen und diese sind unterschiedlich groß. Da meist doch mehr als ein Teilchen verspeist wird, muss man die Fettmenge entsprechend multiplizieren. Ein paar generelle Tipps helfen beim Fettsparen: 1. Original Recipe ist die fettärmste Geschmacksvariante; 2. Drumsticks nehmen bei Frittieren am wenigsten Fett auf und sind die fettärmste Teilchenart.

Die Chicken-Sandwiches ohne Majosauce zu ordern, spart einiges Fett

Eine andere Alternative sind die Chicken-Sandwiches. Hier gibt es mehrere Möglichkeiten, ein fettarmes Menü zusammen zu stellen. Tender Roast Sandwich ohne Majosauce und Honey BBQ Sandwich sind sehr fettarm und liefern gerade 5 bzw.

6 Gramm Fett. Wer Tender Roast ohne Majosauce ordert, bestellt am besten gleich eine rote Sauce, z.B. Barbecue Sauce, extra. Damit wird die Majo ersetzt. Triple Crunch Sandwiches sind weit fettreicher, da Sie paniertes und frittiertes Hähnchenfleisch in Majodressing enthalten. Wer diese wie gerade beschrieben ohne Majo ordert, kann einiges Fett sparen. Dies findet man in der Tabelle bestätigt. Den konkurrenzlos niedrigen Fettgehalt von Tender Roast Sandwich ohne Majo oder Honey BBQ erreichen sie jedoch auch so nicht.

KFC-Salatbar amerikanisch

Ein echter Pluspunkt sind die Salatbars, die man in vielen KFC-Restaurants findet. Hier kann man ganz nach Belieben – und Fettgehalt natürlich – einen individuellen Salat zusammenmixen. Für die Gesundheitsaktion *5 am Tag* lassen sich hier vortrefflich Punkte sammeln. Fast alle Zutaten sind fettfrei, so lange sie nicht bereits mit einem Dressing versehen sind. An der Schöpfkelle mit dem Dressing entscheidet sich, wie leicht der Salat bleibt oder wie schwer er wird. Fragen Sie im Zweifelsfall, ob es ein Light-Dressing (fat-reduced/fat-free) gibt.

KFC-Salatbar deutsch

In den amerikanischen Kentucky Fried Chicken-Restaurants gibt es teilweise ein ganz besonders verlockendes Angebot: All you can eat für wenige Dollar. Wer am Büffet bei all den verlockenden Hähnchenspezialitäten nun ordentlich zuschlägt, kommt schnell auf 60 und mehr Gramm Fett: 2 Wings, 2 Drumsticks, 1 x Breast und 1 x Tigh – macht bei Geschmacksvariante Extra Crispy zusammen 109 Gramm Fett! Ohne Salat, Beilage oder Nachtisch. Auch hier wäre eine gezielte Auswahl nach Fettgehalt wunderbar möglich, aber nur zu oft führt der All you can eat-Effekt zum Ausblenden aller guten Vorsätze: Schließlich hat man ja alles bezahlt und wäre doch blöd, wenn man nicht soviel essen würde wie es nur geht. Tatsächlich?

Verlockung und Gefahr: All you can eat

Fett-Tabelle Kentucky Fried Chicken

Lebensmittel (Gewicht pro Portion)	**Fettgehalt** (g/Portion)
Original Recipe Chicken – Whole Wing (47 g)	10
Original Recipe Chicken – Breast (153 g)	24
Original Recipe Chicken – Drumstick (61 g)	9
Original Recipe Chicken – Thigh (91 g)	18
Extra Crispy Chicken – Whole Wing (55 g)	15
Extra Crispy Chicken – Breast (168 g)	28
Extra Crispy Chicken – Drumstick (67 g)	12
Extra Crispy Chicken – Thigh (118 g)	27
Hot & Spicy Chicken – Whole Wing (55 g)	25
Hot & Spicy Chicken – Breast (180 g)	29
Hot & Spicy Chicken – Drumstick (64 g)	10
Hot & Spicy Chicken – Thigh (107 g)	26
Original Recipe Sandwich w/ sauce (200 g)	22
Original Recipe Sandwich w/o sauce (187 g)	13
Triple Crunch Sandwich w/ sauce (189 g)	29
Triple Crunch Sandwich w/o sauce (176 g)	15
Triple Crunch Zinger Sandwich w/ sauce (210 g)	32
Triple Crunch Zinger Sandwich w/o sauce (176 g)	15
Tender Roast Sandwich w/ sauce (211 g)	15
Tender Roast Sandwich w/o sauce (177 g)	5
Honey BBQ Flavored Sandwich w/ sauce (178 g)	6
Colonels Crispy Strips (3) (115 g)	16
Spicy Crispy Strips (3) (115 g)	15
Popcorn Chicken – Small (99 g)	23
Popcorn Chicken – Large (170 g)	40
Chunky Chicken Pot Pie (368 g)	42
Hot Wings Pieces (6) (135 g)	33
Honey BBQ Pieces (6) (189 g)	38
Mashed Potatoes w/ gravy (136 g)	6
Potato Wedges (135 g)	13
Macaroni & Cheese (153 g)	8
Corn on the Cob (162 g)	1,5
BBQ Baked Beans (156 g)	3
Cole Slaw (142 g)	13,5
Potato Salad (160 g)	14

Lebensmittel (Gewicht pro Portion)	Fettgehalt (g/Portion)
Biscuit (1) (56 g)	10
Double Choc. Chip Cake (76 g)	16
Little Bucket Parfait – Fudge Brownie (99 g)	10
Little Bucket Parfait – Lemon Creme (127 g)	14
Little Bucket Parfait – Chocolate Cream (113 g)	15
Little Bucket Parfait – Strawberry Shortcake (99 g)	7
Colonels Pies – Pecan Pie Slice (113 g)	23
Colonels Pies – Apple Pie Slice (113 g)	14
Colonels Pies – Strawberry Creme Pie Slice (78 g)	15
Twister (240 g)	34
Honey BBQ Crunch Melt (231 g)	26

Quelle: www.kfc.com

Subway

Subway gehört mit über 15.000 Filialen in 75 Ländern international zu den ganz Grossen der Fastfood-Branche. 1965 hatte Dr. Peter Buck in Bridgeport, Connecticut, die Idee für ein Submarine-Sandwich-Restaurant. Ein Freund der Familie, Fred DeLuca, eröffnete im gleichen Jahr im Auftrag von Buck das erste Subway-Restaurant. 1974 entschlossen sich Buck und DeLuca dazu, aus Subway ein Franchiseunternehmen zu machen. Heute hat Subway in Kanada bereits mehr Filialen als McDonald`s. In Deutschland gibt es 12 Filialen, zumeist in den großen Städten.

Das Markenzeichen von Subway: Ein frisch zubereitetes Sandwich

Der Name Submarine-Sandwich beschreibt übrigens die Form des Sandwiches: Ein etwa 30 cm langes aufgeschnittenes Baguettebrot, das wie ein U-Boot aussieht. Das U-Boot-Sandwich ist das Markenzeichen des Unternehmens geblieben. Jedes Sandwich wird frisch für die Kunden zubereitet. Es gibt einige standardisierte Zusammenstellungen (siehe Subway Fett-Tabelle), aber als Subway-Kunde kann man sein Sandwich nach eigenem Geschmack belegen lassen. Eine Theke mit verschiedensten Salaten, Gemüsesorten, milden und scharfen Gewürzen wie auch Saucen, erlaubt fast beliebig viele Kombinationsmöglichkeiten. Die beste Nachricht für den fettbewussten Kunden ist aber: Viele der Sandwiches sind fettarm! Subway wirbt sogar damit, dass 7 ihrer 15 cm Sandwiches unter 6 Gramm Fett pro Stück enthalten (*7 under 6*). Wie der Werbung in den US-Schaufenstern zu entnehmen ist, haben einige Amerikaner ihr Gewichtsproblem erfolgreich mit Hilfe von Subway-Sandwiches lösen können.

Fettarme Subway-Sandwiches, eine Alternative für Übergewichtige

Ein klassisches Subway-Menü besteht aus einem Sandwich, einem Softdrink und einer Tüte Chips bzw. einem Cookie. Zunächst wählt man den Standardaufbau des Sandwiches, z.B. ein Subway Club Sandwich. Dann werden Sie nach der Brotsorte Ihrer Wahl gefragt: Weizen-, Roggen-, Sesam- und andere Baguettesorten stehen zur Auswahl.

Es gibt mindestens 4 verschiedene Brotsorten

Im nächsten Schritt bereitet die Bedienung alle für das gewählte Sandwich charakteristischen Zutaten vor. Für manche Sandwiches wird das Fleisch vorher im Ofen erhitzt, andere werden komplett kalt zubereitet.

Mit über 20 verschiedenen Salat- und Gemüsezutaten können Sie nun Ihr Sandwich beliebig verfeinern lassen. Auch an Saucen steht eine große Auswahl bereit. Es gibt die klassische Kombination, die zum Sandwichtyp gehört. Sie können aber auch andere Saucen nach Gusto auswählen. Die meisten sind fettarm oder fettfrei. Bei hellen Saucen jedoch sollte man zu Sicherheit noch einmal nachfragen, ob es eine low-fat Variante ist.

Wer einen scharfen Geschmack liebt, hat zum Schluss noch die Chance, sein Sandwich durch Chilipfeffer extra hot zubereiten zu lassen.

Bei Subway wählen Sie Ihre Sandwich-Zutaten selbst aus

Als Beilage zu den Sandwiches gibt es bei Subway entweder eine kleine Tüte Chips oder einen Cookie. Hier hat der Subway-Kunde die Möglichkeit, all das brav beim Sandwich eingesparte Fett ordentlich nachzulegen. Chips und Cookies gehören wahrlich nicht zu den fettarmen Lebensmitteln. Aber gerade in einem Subway muss es dafür Alternativen geben. Es gibt sie auch!

Neben klassischen Chips kann man auch gebackene Chips (low-fat/baked) oder ganz und gar fettfreie Chips (fat-free)

Die klassischen Beilagen: Cookie oder Chips

Eine große Auswahl von Chips steht zur Verfügung

Auch fettarme Chips gehören zum Angebot

bekommen. Letztere enthalten den Fettersatzstoff Olestra und sind nicht in allen Ländern im Handel. Cookies sind mit einem Fettgehalt zwischen 10 und 12 Gramm pro Stück eine fettreiche „Beilage". Fettreduzierte Cookies als Alternativen sind noch nicht im Angebot zu finden.

Wer eines der *7 under 6-Sandwiches* (15 cm – halbe Länge) auswählt, dazu eine Tüte fettarme gebackene Chips und einen Softdrink, der bekommt ein komplettes Fastfood-Menü mit einem Fettgehalt um 10 Gramm. Ein einziger Cookie, den man noch zusätzlich ordern kann, verdoppelt jedoch leicht den Fettgehalt des ganzen Menüs.

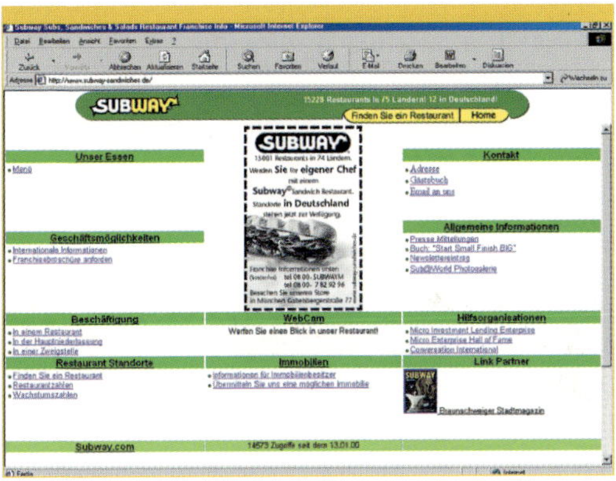

Die deutsche Subway-Internet-Seite

Fett-Tabelle Subway

Lebensmittel (Portionsgröße nicht bekannt)	**Fettgehalt** (g/Portion)
Sandwiches (15 cm Subs)	
Subway Club	5
Turkey Breast & Ham	4,5
Veggie Delite	2,5
Tuna	21
Turkey Breast	4
Ham	4,5
Roast Beef	4,5
Seafood & Crab	16
Meatball	25
Subway Melt	15
Steak & Cheese	13
Roasted chicken Breast	6
Horse Radish Roast Beef	17
Southwest Steak & Cheese	18
Honey Mustard Melt (mit Käse)	11
Asiago Caesar Chicken	15
Salads (Zutaten wie beim Sub) ohne Dressing	
Classic Italian BMT	19
Subway Club	3,5
Turkey Breast& Ham	3
Veggie Delite	1
Tuna	16
Turkey Breast	2
Ham	3
Roast Beef	3
Seafood & Crab	11
Meatball	20
Subway Melt	9
Steak & Cheese	8
Roasted chicken Breast	3
Wraps	
Asiago Caesar Chicken	15
Steak & Cheese	9
Turkey Breast & Bacon	7

Lebensmittel (Portionsgröße nicht bekannt)	**Fettgehalt** (g/Portion)
Cookies	
Chocolate Chip (1 Stück)	10
Sugar (1 Stück)	12
Oatmeal Raisin (1 Stück)	8
Chocolate Chunk (1 Stück)	10
Peanut Butter (1 Stück)	12
M&M (1 Stück)	10
White Macadamia Nut (1 Stück)	12
Chips (1 Tüte)	siehe Deklaration auf Tüte
Getränke	
Softdrink Small (0,3 l)	0
Softdrink Medium (0,4 l)	0
Softdrink Large (0,5 l)	0
Sol (Mexican Beer) (0,33 l)	0
Bier (Helles) (0,5 l)	0
Red Bull (Dose)	0

Quelle: Subway Nutrition Guide (amerikanische Nährwert-Broschüre)

Wendy's

1969 eröffnete Dave Thomas in Columbus, Ohio, das erste Wendy's Old Fashioned Hamburgers-Restaurant. Im Jahr 1980 wurde die 2000er Marke durchbrochen. Anno 2001 gibt es mehr als 7.700 Wendy's in 27 Ländern. Burger mit großen Fleischportionen gehören zu Wendy's Spezialitäten. Bei Wendy's findet man heute aber weit mehr im Programm als nur Burger: Salate, Pitas, gebackene Kartoffeln, Chili, Nuggets, Desserts und teilweise auch schon Salatbars. Wer Fettgehalte und weitere Nährwertinfos sucht, wird im Internet auf der Homepage www.wendys.com unter menu/nutritional info schnell fündig. Neben detaillierten Nährwertangaben findet man auch die komplette Zutatenliste für jedes Menü.

Ein Blick auf die Nutritional Facts der Sandwiches zeigt, dass ein Jr. Hamburger mit

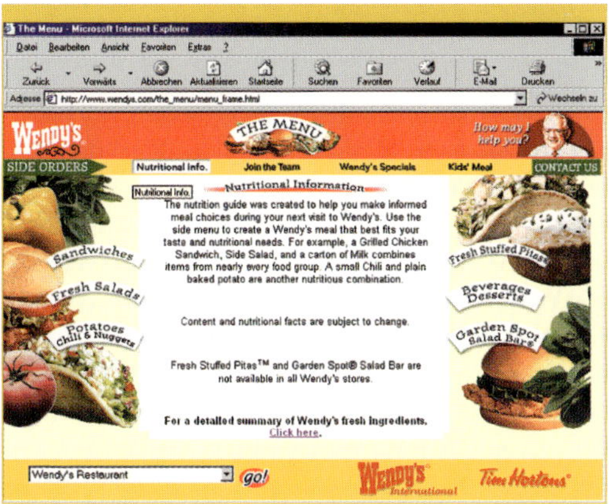

Auf dieser Seite startet die umfassende Nährwertinformation im Internet

9 Gramm Fett eine gute Wahl ist. Auch ein Jr. Cheeseburger und der klassische Hamburger Classic Single liegen mit 12 und 19 Gramm nicht schlecht. Die fettärmste Wahl ist aber ein Grilled Chicken Sandwich mit gerade 7 Gramm Fett bei einer ordentlichen Portion von 188 Gramm. Dieses Sandwich enthält ein gegrilltes Hähnchenbrustfilet ohne fettreiche Panade und eine Ketchupsauce statt Majonäse.

Grilled Chicken Sandwich: 7 Gramm Fett

In einem Wendy's-Restaurant kann man unter fünf verschiedenen Salatzusammenstellungen auswählen: Drei große Salate und zwei kleine Salate als Beilagen. Von den großen Salaten enthalten der Deluxe Garden Salad und der Grilled Chicken Salad mit 6 bzw. 7 Gramm wenig Fett. Allerdings fehlt hier noch das Dressing, das zwischen 0 (French, fat-free) und 38 Gramm Fett (Blue Cheese) zusätzlich liefern kann. Anders ist es beim Taco Salad, denn dieser enthält bereits das Dressing in Form einer ordentlichen Portion Chili und Käse. Er kommt so auf 19 Gramm Fettgehalt. Ein ganzer Teil davon steckt im Käse, den man durchaus auch auf dem Teller zurücklassen kann.

Taco Salad mit Chilisauce: Ein Großteil des Fetts steckt im Käse

Beliebte Burger-Alternativen sind Wendy's Pitas – dickwandige Teigtaschen mit bunter Füllung. Der Fettgehalt liegt bei den vier Sorten eng beieinander. Eine Pitatasche enthält 17 bis 20 Gramm Fett, soviel wie zwei Jr. Hamburger, die etwa die gleiche Menge auf den Teller bringen. Im Vergleich mit so manchem XXL-/Mega-/ Superburger liegen die Pitas gut im Rennen.

19 Gramm Fett enthält eine Chicken Caesar Pita

Eine sehr gute Alternative zu Pommes frites/French Fries stellen die Baked Potatoes (gebackenen Kartoffeln) dar. Ohne Sauce (Plain) oder mit fettfreiem Ketchup verspeist ist diese Alternative ganz und gar fettfrei. Aber auch mit Sour Cream & Chive enthält eine Baked Potatoe nur 5 Gramm Fett.

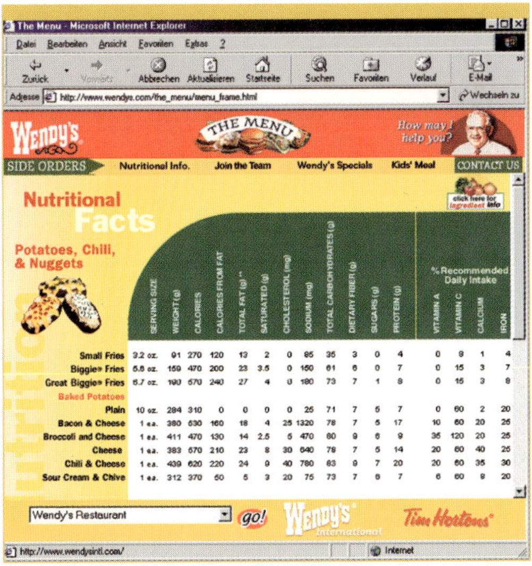

	SERVING SIZE	WEIGHT (g)	CALORIES	CALORIES FROM FAT	TOTAL FAT (g) **	SATURATED (g)	CHOLESTEROL (mg)	SODIUM (mg)	TOTAL CARBOHYDRATES (g)	DIETARY FIBER (g)	SUGARS (g)	PROTEIN (g)	% Recommended Daily Intake: VITAMIN A	VITAMIN C	CALCIUM	IRON
Small Fries	3.2 oz.	91	270	120	13	2	0	85	35	3	0	4	0	8	1	4
Biggie® Fries	5.6 oz.	159	470	200	23	3.5	0	150	61	6	0	7	0	15	3	7
Great Biggie® Fries	6.7 oz.	190	570	240	27	4	0	180	73	7	1	8	0	15	3	8
Baked Potatoes																
Plain	10 oz.	284	310	0	0	0	0	25	71	7	5	7	0	60	2	20
Bacon & Cheese	1 ea.	380	530	160	18	4	25	1320	78	7	5	17	10	60	20	25
Broccoli and Cheese	1 ea.	411	470	130	14	2.5	5	470	80	9	6	9	35	120	20	25
Cheese	1 ea.	383	570	210	23	8	30	640	78	7	5	14	20	60	40	25
Chili & Cheese	1 ea.	439	620	220	24	9	40	780	83	9	7	20	20	60	35	30
Sour Cream & Chive	1 ea.	312	370	50	5	3	20	75	73	7	6	7	6	60	8	20

Probieren Sie die Baked Potatoes mit Sour Cream & Chive als Pommes-Alternative

Fett-Tabelle Wendy's

Lebensmittel (Gewicht pro Portion)	**Fettgehalt** (g/Portion)
Sandwiches	
Classic Single w/ Everything (218 g)	19
Big Bacon Classic (282 g)	30
Jr. Hamburger (117 g)	9
Jr. Cheeseburger (129 g)	12
Jr. Bacon Cheeseburger (165 g)	19
Jr. Cheeseburger Deluxe (179 g)	16
Hamburger, Kid´s Meal (110 g)	9
Cheeseburger, Kid´s Meal (122 g)	12
Grilled Chicken Sandwich (188 g)	7
Chicken Breast Fillet Sandwich (207 g)	16
Chicken Club Sandwich (215 g)	20
Spicy Chicken Sandwich (212 g)	14
Beverages & Desserts	
Frosty Junior (113 ml)	4
Frosty Small (227 ml)	8
Frosty Medium (298 ml)	11
Beverages	
Cola Soft Drink (312 ml)	0
Diet Cola Soft Drink (312 ml)	0
Lemon-Lime Soft Drink (312 ml)	0
Salads	
Caesar Side Salad (92 g)	5
Side Salad (155 g)	3
Deluxe Garden Salad (270 g)	6
Grilled Chicken Salad (344 g)	7
Taco Salad (468 g)	19
Taco Chips (42 g)	9
Soft Breadstick (44 g)	3
Salad Dressings	
Blue Cheese (57 g)	38
French (57 g)	21
French, Fat Free (57 g)	0
Italien Caesar (43 g)	24
Italien, Reduced Fat, Reduced Calories (57 g)	7

Lebensmittel (Gewicht pro Portion)	Fettgehalt (g/Portion)
Hidden Valley Ranch (57 g)	20
Hidden Valley Ranch, Red. Fat, Red. Calories (57 g)	11
Thousand Islands (57 g)	25
Potatoes, Chili & Nuggets	
French Fries Kids´Meal (91 g)	13
French Fries Medium (142 g)	20
French Fries Biggie (159 g)	23
French Fries Great Biggie (190 g)	27
Hot Stuffed Baked Potatoes	
Plain (284 g)	0
Bacon & Cheese (380 g)	17
Broccoli and Cheese (411 g)	14
Sour Cream & Chive (312 g)	5
Whipped Margarine (14 g)	7
Chili	
Small (227 g)	7
Large (340 g)	10
Cheddar Cheese, shredded (17 g)	6
Saltine Crackers (6 g)	0,5
Crispy Chicken Nuggets	
5 Piece (75 g)	16
4 Piece Kids´Meal (60 g)	13
Barbecue Sauce (28 g)	0
Honey Mustard Sauce (28 g)	12
Sweet and Sour Sauce (28 g)	0
Pitas	
Chicken Caesar Pita (237 g)	19
Classic Greek Pita (234 g)	20
Garden Ranch Chicken Pita (283 g)	20
Garden Veggie Pita (257 g)	17
Caesar Vinaigrette, Red. Fat, Red. Calories (17 g)	7
Garden Ranch Sauce, Red. Fat, Red. Calories (16 g)	5

Quelle: www.wendys.com (Juli 2001)

Tiefkühlkost – Fastfood für zuhause

Tiefkühlkost wird immer beliebter, weil sie schnell und einfach zuzubereiten ist. Vom Frühstücksbrötchen bis zum Dessert, fast alles gibt es schon tiefgekühlt. Das Tieffrieren ist eine sehr schonende Art der Lebensmittelkonservierung und erleichtert die Vorratshaltung gerade in Einpersonenhaushalten erheblich. Tiefkühlkost erleichtert auch, fettarm zu essen! Fast alle Lebensmittel in den Truhen der Supermärkte tragen einen Aufdruck mit dem Gehalt an Fett, Eiweiß und Kohlenhydraten. So kann man vortrefflich Produkte vergleichen und eine fettarme Auswahl treffen.

Für die schnelle Mahlzeit zwischendurch sind belegte Baguettes ideal. Etwa 10 Minuten im Ofen aufbacken, fertig. Solche Baguettes müssen nicht fettreich sein. Sorten mit Schinken, Thunfisch oder Champignons liegen im Fettgehalt häufig niedriger, als solche mit Käsesauce oder Salami, wie das Beispiel zeigt. Die Doppelpacks erlauben es, je nach Appetit nur ein oder gleich beide Baguettes aufzubacken.

Thunfisch Baguette: 6,8 g Fett je 100 g

Provence Baguette: 14 g Fett je 100 g

Um es dem ständig im Stress lebenden modernen Menschen möglichst einfach zu machen, gibt es tiefgekühlte Gerichte zum Anbraten in der Pfanne. Für die Zubereitung eines schmackhaften Essens bedarf es einzig eines Herdes, einer Pfanne, eines Bratenwenders, eines Tellers und einer Gabel. Zeitaufwand: etwa 10 Minuten.

Chow Mein für die Bratpfanne: 1,6 g Fett je 100 g

So verwundert es nicht, dass diese Lebensmittel ein Hit sind. Und wie steht es mit dem Fettgehalt? Nicht schlecht! Viele der Fertigpfannen haben einen niedrigen Fettgehalt von wenigen Gramm pro 100 Gramm (z.B. Chow Mein). In jedem Fall lohnt auch hier der Blick auf die Nährwertinformation, um die fettreicheren von fettärmeren Pfannengerichten zu trennen. Ein wenig Fett kommt als Bratfett noch hinzu. Wer eine Teflonpfanne verwendet und diese vorher sehr dünn mit Öl auswischt, kann auch dieses Fett noch einsparen.

Das Tiefkühlregal bietet auch Geflügel in den unterschiedlichsten Variationen. Geflügelfleisch ist von Hause aus sehr fettarm, wenn es ohne Haut verarbeitet wird. Durch unterschiedlich zusammengesetzte

Panaden beeinflussen den Fettgehalt deutlich

Panaden beeinflussen den Fettgehalt deutlich

Panaden kann der Fettanteil auch höher liegen, wie das Beispiel Geflügelstäbchen und Hähnchen Cordon bleu zeigt. Dazu kommt bei panierten Lebensmitteln oft noch eine kräftige Portion Fett für das Anbraten in der Pfanne. Häufig lassen sich panierte Lebensmittel auch gut im Backofen ohne weiteres Fett auf einem Backpapier zubereiten.

Bei der schnellen Pizza aus der Kühltruhe sieht es ganz ähnlich aus. Es gibt große Unterschiede im Fettgehalt. Pizzas mit weniger als 5 Gramm Fett und solche mit mehr als 15 Gramm Fett (pro 100 Gramm Pizza) finden sich in den Tiefkühlregalen. Um auf den Fettgehalt der ganzen Pizza zu kommen, muss man den Fettgehalt pro 100 Gramm aber noch mit dem Gewicht der

Pizza malnehmen. Bei einer Pizza von 400 Gramm ergibt der Fettgehalt pro 100 Gramm mal vier den Fettgehalt der ganzen Pizza. Selbst eine relativ fettarme Pizza Hawaii (6 g Fett/100 g) kommt dann auf 24 Gramm Gesamtfett, eine Salamipizza (13 g Fett/100 g) gar auf 52 Gramm.

Pizza kann sich im Fettgehalt stark unterscheiden

Ein guter Tipp ist das Aufpeppen einer recht fettarmen Pizza Margherita oder Pizza Vegetale mit weiteren fettarmen Köstlichkeiten. Die Sorten Margherita und Vegetale sind so etwas wie die Basis-Pizzen: Hefeboden, Tomatensauce, Gemüse, Käse und Gewürze. Sie liegen im Fettgehalt um 5 Gramm Fett pro 100 Gramm. Eine Margherita oder Vegetale lässt sich zum Beispiel mit einer Extra-Portion Zwiebeln, Pilzen, Paprika, Tomaten, Ananas usw. belegen, *5 am Tag* lässt grüßen. Wer Thunfisch liebt, belegt sie mit Thunfisch im eigenen Saft aus der Dose. Auch Krabben oder Kochschinken sind beliebt und fettarm. Beim Würzen sind keine Grenzen gesetzt: Frische Kräuter, Basilikum, Knoblauch, Oregano, Tabasco… – wie es beliebt. Wem der Käse nicht ausreicht: Edamer mit 30% Fett i. Tr. fein geraspelt oder ein bis zwei Teelöffel geriebenen Parmesan über die Pizza streuen.

Pizza Vegetale oder Margherita: Fettarme Basis für eigene Kreationen

Lebensmittel, die in der Fritteuse zubereitet werden, sind oft fettreiche und schwere Angelegenheiten. Hier kann das Tiefkühlregal helfen, erheblich Fett einzusparen! Die Versionen aus dem Tiefkühlregal können sehr fettsparend im Backofen zubereitet werden. Das beste Beispiel dafür sind Pommes frites für den Backofen. Ihr Fettgehalt liegt je nach Hersteller bei 3% – 7%. Verglichen mit den Kartoffelstreifen vom Fastfood-Restaurant um die Ecke, die etwa 11% Fett enthalten, spart man hier einiges Fett. Die Hersteller besprühen die Pommes für den Backofen vor dem Tieffrieren hauchdünn mit Öl, das ist wichtig für den Geschmack und die Bräunung. Pommes aus der Fritteuse dagegen saugen sich beim Frittieren mit Frittierfett voll. Das macht den Unterschied im Fettgehalt aus. Wer Backofen-Pommes dann noch mit Ketchup oder einer roten Sauce statt mit Majo isst, der hat aus einer schweren Mahlzeit ein viel leichteres Essen gemacht.

Pommes frites für den Backofen: Fettarm und lecker

Wie wäre es mit einer China- oder Frühlingsrolle aus dem Tiefkühlregal, fettsparend im Backofen zubereitet? Auch hier liegt der Fettgehalt mit etwa 5% wesentlich unter dem einer frittierten Frühlingsrolle. Die ganz fettarmen Tiefkühl-Frühlingsrollen kann man sogar von oben noch dünn mit Öl, am besten Sesamöl, bepinseln, bevor sie überbacken werden. Das gibt eine knusprige und noch immer recht fettarme Frühlingsrolle.

Frühlingsrollen zum Überbacken: 3,9 g Fett je 100 g

Wem das Gemüseschnippeln zu aufwendig ist, für den kann das Tiefkühlregal die Rettung von *5 am Tag* (siehe *FAQ zu Fettfalle Fastfood*) bedeuten. Dort gibt es viele vorgewaschene und vorgeschnittene Gemüsesorten, fertig zum sofortigen Einsatz in Topf, Pfanne oder Mikrowelle. Probieren Sie Champignons, Porree, Zwiebeln, Erbsen, Karotten, Bohnen, Mais, Kohl, Paprika u.a. Gemüsesorten aus dem Tiefkühltresen. So schaffen Sie *5 am Tag* spielend ohne großen Zeitaufwand. Fett ist bei den Gemüsesorten sowieso kein Thema. Es sei denn, es handelt sich um fertig gewürzte Gemüsepfannen oder Buttergemüse. Diese können auch Fett in unterschiedlicher Menge enthalten. Ein Blick auf die Nährwertinformation hilft hier weiter. Rahmspinat verheißt vom Namen ein fettreiches Lebensmittel. Tatsächlich ist der Fettgehalt mit ca. 5% im Rahmen, weil Sahne nur in geringen Mengen zum Verfeinern zugegeben wurde.

Gemüse aus der Truhe: Einfacher geht es nicht mehr

Manchmal wurde bereits Fett (hier Butter) zugegeben

Natürlich gibt es auch Eis der unterschiedlichsten Sorten im Tiefkühlregal. Von stark fettbeladen bis fettfrei reicht hier die Spanne. Eine gute Orientierung gibt bereits die Bezeichnung: Eiscreme ist meist fettreich, Fruchteiscreme schon fettärmer, Milchspeiseeis hat wenig Fett und Fruchteis oder Sorbets sind fettfrei. Eine Schokoladenglasur oder –umhüllung kann den Fettgehalt noch einmal kräftig erhöhen. Fruchtsorten ohne Schokolade liegen fettmäßig meist recht gut.

Zitronensorbet: 0 g Fett, Amarena Cream: 5,2 g Fett je 100 g

Maple Walnuts: 17,1 g Fett, Crème Vanille: 16,8 g Fett je 100 g

Auch allerlei Brötchen und Brotsorten hält das Tiefkühlregal zum Auftauen bereit.

Brot und Brötchen aus der Tiefkühltruhe

Wie bei den frischen Kollegen gelten hier die gleichen Prinzipien in Sachen Fettgehalt: Brot und Brötchen sind fettarm oder fettfrei, Croissants und anderes Blätterteiggebäck eher fettreich. Fettreich sind auch Kräuter- oder Butter-Baguettes, die schon eine ordentliche Menge Butter enthalten. Eine gute Alternative können Salzbrezeln zum Aufbacken sein. Sie sind saftig und lecker, enthalten jedoch nur sehr wenig Fett.

Brezeln zum Aufbacken: Kein Fett in der Zutatenliste

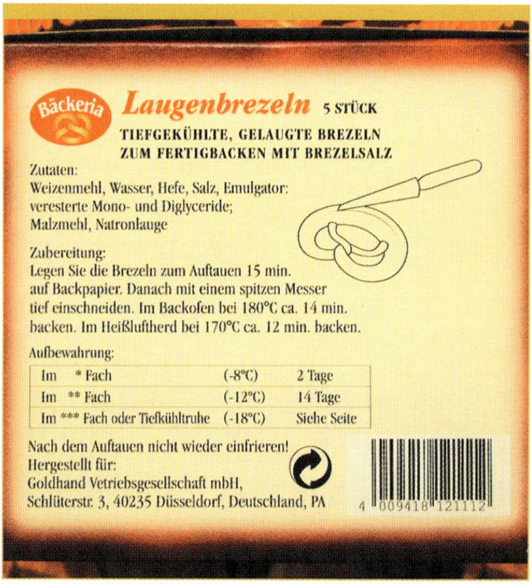

Schwierig ist die Auswahl von tiefgefrorenem Kuchen. Im Gegensatz zu den meisten anderen Produkten im Tiefkühlregal sucht man hier oft vergeblich nach einer Nährwertinformation. Dann hilft nur die Zutatenliste weiter: Je weiter vorn Fett (Pflanzenfett, Öl, Butter, Margarine) steht, um so höher dürfte der Fettgehalt des Kuchens sein. Steht Fett an 5. Stelle der Zutatenliste, kann der Fettgehalt maximal 20% betragen.

Fisch ist ein klassisches Tiefkühl-Lebensmittel, da er frisch sehr schnell verdirbt. Es gibt ihn in unzähligen tiefgefrorenen Varianten, die sich – natürlich – auch im Fettgehalt wesentlich unterscheiden. Nicht vergessen darf man das zusätzliche Bratfett, wenn z.B. Fischfilet oder Fischstäbchen mit Fett in der Pfanne angebraten werden. Unpaniertes Fischfilet ist sehr fettarm. Panaden enthalten unterschiedliche Mengen zusätzliches Fett (wie beim Geflügel). Die Nährwertinformation zeigt eventuelle Unterschiede. Ist bereits Fett in der Panade enthalten, kann man den Fisch auch im Ofen überbacken und Fett beim Zubereiten sparen. Sogenannte Schlemmerfilets sind Fischfilets in einem Würzmantel zum Überbacken. Der Würzmantel erhöht den Fettgehalt teilweise deutlich. Ein Blick auf die Nährwertinformation verschafft Klarheit (z.B. bei Iglo).

Fischstäbchen: 8 g Fett, Schlemmerfilet Champignon: 16 g Fett je 100 g

Fett-Tabelle Tiefkühlkost

Lebensmittel	Fettgehalt
Fettgehalt	(g/100 g)
Agrarfrost	
Backofen Pommes frites	5
Backfrites	3
Country Steak Frites	6
Quelle: Agrarfrost Juli 2000	
(Gewicht pro Pizza)	Fettgehalt (g/Pizza)
Alberto Pizza	
Salami (380 g)	49,4
Prosciutto (375 g)	37,5
Hawai (425 g)	25,5
Funghi (385 g)	34,7
Tonno (410 g)	41,0
Spinaci (400 g)	32,0
Mozzarella (380 g)	34,2
Vegetale (430 g)	17,2
Quelle: Alberto Juli 2000	
Dr. Oetker Ristorante Pizza	
Funghi (365 g)	46,7
Hawaii (350 g)	32,6
Mozzarella (325 g)	47,5
Prosciutto (330 g)	32,3
Quattro Formaggi (340 g)	48,6
Tonno (355 g)	54,1
Vegetale (370 g)	33,2
Dr. Oetker Big American Pizza	
Country (510 g)	51,0
Hawaii (450 g)	40,1
Texas (450 g)	60,8
Dr. Oetker Die Ofenfrische Pizza	
4-Käse (395 g)	34,8
Champignon (430 g)	27,1
Pepperoni-Salami (395 g)	36,4
Spinat (425 g)	26,1
Quelle: Dr. Oetker Mai 2000	

Lebensmittel	Fettgehalt
(750 g Beutel)	Fettgehalt (g/100 g)
Frosta Dinner International	
Nasi Goreng	4,5
Chow Mein	1,6
Bami Goreng	3,6
Indian Chicken	5,2
Paella	5,7
Gyros	4,6
Steakhouse	7,3
Quelle: Frosta Juli 2000	
(Gewicht pro Portion)	Fettgehalt (g/Portion)
Iglo	
Geflügel Steaklets (75 g)	6,5
Geflügel Dippers (250 g)	37,5
Fischstäbchen (100 g)	7,0
Bistro Ciabattino	
Rusticale (175 g)	18,0
Classica (175 g)	18,0
Bistro Schlemmer-Baguettes	
Bretagne (125 g)	11,0
Hawaii (125 g)	9,0
Provence (125 g)	17,0
Bistro Baguettes	
Salami (125 g)	11,0
Champignon (125 g)	9,0
Tomaten-Käse (125 g)	12,0
Quelle: Iglo Mai 2000	
	Fettgehalt (g/100 g)
Wiesenhof	
Filetpfanne Bombay	6,3
Filetpfanne Florenz	10,5
Filetpfanne Verona	8,2

Quelle: Wiesenhof Februar 2000

FAQ zu Fettfalle Fastfood

Warum ist die Kette XYZ nicht ins Buch aufgenommen?

Es gibt über 100 verschiedene Fastfood-Ketten in Deutschland, Österreich und der Schweiz. Bitte haben Sie Verständnis dafür, dass nur ein Ausschnitt aller möglichen Restaurants im Buch vorgestellt werden kann. In *Fettfalle Fastfood* wurde besonders darauf geachtet, die Restaurants vorzustellen, die sehr viele Filialen haben und damit einen relevanten Beitrag zur Ernährung der Bevölkerung leisten. Zusätzlich wurden einige Trendrestaurants aufgenommen, die hohe Zuwachsraten verzeichnen, z.B. Kaffeebars. In Spezialkapiteln wird das Speisenangebot von Fastfood-Ketten vorgestellt, die zwar in Deutschland noch wenig vertreten sind, weltweit aber eine sehr große Verbreitung haben, z.B. Kentucky Fried Chicken, Wendys und Subway. Diese Kapitel sind vor allem für Reisende ins Ausland interessant. Wenn Sie Kapitel vermissen, die Ihnen wichtig erscheinen, dann senden Sie bitte eine Email an das Fettfalle-Fastfood-Team unter www.fettfalle-fastfood.de . Für die zweite Auflage werden wir versuchen, Ihre Ideen aufzunehmen.

Haben die Fastfood-Ketten Fettfalle Fastfood gesponsert?

Nein. Die Auswahl der Restaurant-Ketten und der Lebensmittel, die im Buch aufgenommen sind, erfolgte von den Autoren ohne jede Einflussnahme durch die Fastfood-Ketten. Auch alle Lebensmittelfotos wurden von den Autoren selbst gemacht und unabhängig nach verschiedenen Kriterien ausgewählt.

Warum stimmt eine Nährwertangabe im Internet/einer Broschüre nicht mit den Angaben im Buch überein?

Die Rezepturen der Speisen werden zeitweise von den Herstellern geändert. Dann können sich auch die Nährstoffgehalte und die Nährwertinformation ändern. *Fettfalle Fastfood* versucht, so aktuell wie möglich zu sein. Dafür ist das Team aber auch auf die rasche Informationen der Unternehmen angewiesen, deren Produkte im Buch erwähnt sind. Sollten Sie ein Lebensmittel entdecken, dessen Zusammensetzung sich geändert hat, schreiben Sie dies bitte an *Fettfalle Fastfood* im Internet: www.fettfalle-fastfood.de .

Wo finde ich ein Restaurants der Kette ABC in der Stadt XYZ?

Wenn Sie ein bestimmtes Restaurant an einem Ort suchen, haben Sie mehrere Möglichkeiten. Am einfachsten ist der Blick auf die Homepage der entsprechenden Kette im Internet (Internetadressen siehe Kapitel). Dort lässt sich meist schnell eine Filiale ausfindig machen. Eine andere Möglichkeit ist die Nutzung einer Telefonbuch-CD: Hier wird erst die Stadt ausgewählt und dann nach dem Namen der Restaurantkette gesucht. So erhält man alle eingetragenen Filialen am Ort. Möglichkeit drei ist das klassische gedruckte Telefonbuch oder ein Branchen-Fernsprechbuch, bei dem man unter der Rubrik Gaststätten fündig werden kann. Auch ein Anruf bei der Auskunft kann zur gewünschten Filiale führen.

Ich vermisse ein Kapitel über ASIA-Restaurants und Suhsi-Bars?

Dieses Kapitel wird in der zweiten Auflage von *Fettfalle Fastfood* enthalten sein. Kurze Informationen zu asiatischen Tiefkühlgerichten enthält das Kapitel *Tiefkühlkost*.

Warum haben die Fastfood-Restaurants keine fettarmen Gerichte im Angebot?

Natürlich haben Fastfood-Restaurants auch fettarme Gerichte. Sie loben diese nur nicht so aus. Es scheint nicht gut zum Image einer Fastfood-Kette zu passen, wenn dort „Diät-Burger“ auf der Speisekarte stehen. So scheiterte der Versuch mit einem McLean für McDonald`s in den USA kläglich. Ein Chicken McGrill ohne Majo ist de facto ein McLean, er hat nur einen trendigeren Namen, der nicht nach dröger Diätkost klingt. Mit Hilfe von *Fettfalle Fastfood* finden Sie die fettarmen Gerichte, die sich hinter dem einen oder anderen trendigen Namen verbergen.

Warum wird in Fettfalle Fastfood kein Unterschied zwischen gesättigten und ungesättigten Fetten gemacht?

Für Übergewicht ist es zunächst unerheblich, ob die Fettsäuren aus dem verspeisten Fett gesättigt, einfach ungesättigt oder mehrfach ungesättigt sind. Ungesättigte Fettsäuren aus pflanzlichen Lebensmitteln sind aber etwas günstiger für das Herz-Kreislaufsystem, als gesättigte Fettsäuren aus Lebensmitteln tierischen Ursprungs. Es gibt einige Studien, die gezeigt haben, dass Menschen besonders viel (weniger erwünschte) gesättigte Fettsäuren einsparen, wenn sie beginnen, generell fettarm zu essen. Insbesondere bei Wurstwaren, Fleisch und Käse werden durch fettärmere Fastfood-Auswahl automatisch gesättigte Fettsäuren eingespart. Darum macht es wenig Sinn, durch eine Unterscheidung von unterschiedlichen Sättigungsstufen *Fettfalle Fastfood* unnötig kompliziert zu machen.

Erfüllen die Lebensmittel in Fettfalle Fastfood das Low Fat 30-Prinzip?

Low Fat 30 soll Ihnen bei der fettarmen Lebensmittelauswahl helfen. Jedes Lebensmittel, das nicht mehr als 30% der Kalorien in Form von Fett enthält, darf sich Low Fat 30 nennen. Hier liegt gleichzeitig auch das Problem. Jedes einzelne dieser Lebensmittel darf nicht mehr als 30% der Kalorien als Fett enthalten. Das macht wenig Sinn. Ein kaltgepresstes Pflanzenöl (100% Fett absolut) z.B., ein fettreduziertes Bockwürstchen (15% Fett absolut) und selbst eine deutlich fettreduzierte Margarine (24% Fett absolut) kann nie Low Fat 30 erfüllen. Was tatsächlich zählt, ist das was wir über einen längeren Zeitraum im Durchschnitt verspeisen. Im Durchschnitt sollten es nicht mehr als 30% der Kalorien sein, die aus Fett kommen. Das einzelne Lebensmittel (z.B. ein XXL-Burger in einem Schnellrestaurant) darf auch weit mehr als 30% der Kalorien als Fett enthalten. Die Kombination aus fettfreien, fettarmen und fettreicheren Lebensmitteln sollte die 30%-Marke erfüllen, das einzelne Produkt darf freilich auch weit darüber liegen.

Was bedeutet *5 am Tag*?

Die gesundheitsfördernde und krebshemmende Wirkung von Gemüse und Obst ist von der Deutschen Krebsgesellschaft (www.krebsgesellschaft.de) in deren jüngster Gesundheitskampagne *5 am Tag* aufgegriffen worden. Wissenschaftliche Studien belegen nämlich, dass das Risiko von Krebs- oder anderen Zivilisationserkrankungen (z. B. Herz-Kreislauf-Erkrankungen, Diabetes mellitus, Gicht, Rheuma, Adipositas, Osteoporose) durch den Verzehr von mindestens 5 Portionen Obst und Gemüse pro Tag gesenkt werden kann. Das Ziel der Aktion *5 am Tag* (www.5amtag.de) ist es, die Gesundheit der Bevölkerung zu steigern, indem mehr Obst und Gemüse verzehrt wird (mindestens 5 Portionen pro Person und Tag). Dabei wird die Krebsgesellschaft von anderen Institutionen unterstützt.

Ich möchte zuhause schnelles und fettarmes Essen zubereiten, wie mache ich das?

10

Im Schwesterbüchlein *Fettfalle Supermarkt* finden Sie die richtigen Kniffe, um auch zuhause schnell und fettarm essen zu können. Viele Kapitel informieren kurzweilig über die fettarme Auswahl von Snacks, Süßigkeiten, Kuchen, Backwaren, Fertiggerichten u. a. Wie in *Fettfalle Fastfood* erleichtern über 200 Fotos das Zurechtfinden im Riesenangebot der Supermärkte.

Angeblich essen die Menschen schon weniger Fett als früher. Warum werden Sie trotzdem immer dicker?

11

Das ist eine Beobachtung aus Amerika. Der Fettverzehr steigt dort nicht weiter an, geht im Durchschnitt sogar etwas zurück und dennoch werden die Menschen im Schnitt immer dicker. Dieser Widerspruch hat seine Ursache in der starken Abnahme der körperlichen Aktivität im gleichen Zeitraum. Normalerweise führt ein Rückgang des Fettverzehrs (und damit ein Rückgang der Energieaufnahme) zu einer Gewichtsabnahme. Wenn aber im gleichen Zeitraum der Energieverbrauch durch immer weniger körperliche Aktivität noch stärker zurückgeht, nehmen die Menschen trotzdem zu. Die Gewichtszunahme wäre freilich weit stärker ausgefallen, wenn der Fettverzehr im gleichen Zeitraum unverändert hoch geblieben oder noch weiter angestiegen wäre. Energieaufnahme und Energieverbrauch kann man nicht unabhängig voneinander betrachten.

Ich möchte gern mit einem Programm für zuhause abnehmen, was kann ich tun?

Im Jahr 2001 gab es in Sachsen eine große Gesundheitsaktion von MDR und AOK: Die PfundsKur Sachsen. Professor Pudel hat das 10-Wochen-Trainingsprogramm zusammengestellt, das schon über 300.000 Menschen in Sachsen und Baden-Württemberg erfolgreich genutzt haben. Sie können mit seinem Trainingsprogramm (siehe *Lesetipps*) und dem hervorragend dazu passenden Einkaufsführer *Fettfalle Supermarkt* auch auf eigene Faust langfristig abnehmen.

Gibt es ein Kochbuch für schnelle fettarme Gerichte, die schmecken?

Ja, Ewald Braden hat ein solches Kochbuch ebenfalls zur PfundsKur 2001 in Sachsen geschrieben (siehe Lesetipps). Der Gourmet-Chefkoch des Allianz-Kasinos in Stuttgart hat klassische Rezepte entfettet. Ewald Braden hat aber nur dann Fett gespart, wenn dies nicht zu Lasten des Geschmacks ging. So haben seine Rezepte zwischen 20 und 70% weniger Fett. Neben flotten Rezepten für den Alltag gibt es auch

Rezepte für einen fettarmen Festtagsschmaus sowie einige lokale sächsische Spezialitäten.

Warum finden sich in Fettfalle Fastfood so viele englische Wörter (Anglizismen)?

Viele der Fastfood-Ketten kommen aus Amerika und übernehmen trendgemäß die amerikanischen Produktbezeichnungen auch für das Angebot in deutschsprachigen Ländern. Um ein bestimmtes Produkt eindeutig zu beschreiben, muss man daher diese englische Bezeichnung aufgreifen. Die Anglizismen in der Fastfood-Szenesprache unterstreichen die globale Dimension des Trends, der kein Land auslässt. Ob Kulturschock oder Zeichen weltweiter Annäherung – wer Fastfood fettarm auswählen will, muss die richtigen Bezeichnungen kennen. Ein krampfhaftes Eindeutschen wäre allenfalls komisch: Aus Chicken Nuggets würden „Hähnchenklumpen“.

Lesetipps

So kaufen Sie in einem
Supermarkt fettarm ein
Dr. med. Thomas Ellrott & Birgit Ellrott:
Fettfalle Supermarkt –
Finden Sie die fettarmen Alternativen.
Verlag Umschau/Braus 2000

2500 Lebensmittel mit den
wichtigsten Nährwertdaten
Kalorien mundgerecht. 11. Auflage
Verlag Umschau/Braus 2000

Alltagsrezepte mit weniger Fett kochen
Ewald Braden & Lilo Herold:
PfundsKur, Lust auf Leben in Sachsen,
Das Kochbuch.
Verlag Fink-Kümmerly + Frey 2001

Die erfolgreiche Gesundheitsaktion in Sachsen
als Programm für zuhause
Prof. Dr. Volker Pudel:
PfundsKur, Lust auf Leben in Sachsen,
Trainings-Programm.
Verlag Fink-Kümmerly + Frey 2001

Die Nährwertgehalte
beliebter deutscher Speisen
BGVV:
Von Currywurst bis Gänsebraten – Energie- und Nährstoffgehalte beliebter Speisen und Gerichte.
BGVV-Pressestelle, Berlin 2000
(Bestellung über Email pressestelle@bgvv.de)

Ein kritischer Blick auf die Trends
bei Essen und Trinken
Stiftung Warentest:
test Spezial Ernährung – Was Ihnen gut tut.
Stiftung Warentest Vertrieb, Stuttgart 2001

Nährwertdaten der großen amerikanischen
Fastfood Ketten
Marion J. Franz:
Fast Food Facts. 5th. Edition.
IDC Publishing, Minneapolis 1998

Umfangreiche Sammlung amerikanischer
Nährwertdaten inkl. Fastfood
Art Ulene:
Nutrition Facts Desk Reference.
Second Edition. Avery Publishing Group 2001

Die Fastfood-Broschüre vom AID
AID:
Fast Food – Essen auf die Schnelle.
Aid-Vertrieb DVG, Meckenheim 1999
(www.aid.de)